第二语言学习研究

SECOND LANGUAGE LEARNING RESEARCH

主编　蔡金亭

◆ 第 十 八 辑 ◆

外语教学与研究出版社
FOREIGN LANGUAGE TEACHING AND RESEARCH PRESS
北京 BEIJING

图书在版编目（CIP）数据

第二语言学习研究. 第十八辑 ：汉文、英文 / 蔡金亭主编. —— 北京 ：
外语教学与研究出版社，2024. 9. —— ISBN 978-7-5213-5764-6
Ⅰ. H003
中国国家版本馆 CIP 数据核字第 2024FN4977 号

第二语言学习研究 第十八辑

DI-ER YUYAN XUEXI YANJIU DI-SHIBA JI

出 版 人　王　芳
责任编辑　毕　争
责任校对　陈　阳
助理编辑　许心怡
封面设计　范晔文　彩奇风
出版发行　外语教学与研究出版社
社　　址　北京市西三环北路 19 号（100089）
网　　址　https://www.fltrp.com
印　　刷　北京九州迅驰传媒文化有限公司
开　　本　787×1092　1/16
印　　张　8.5
字　　数　165 千字
版　　次　2024 年 9 月第 1 版
印　　次　2024 年 9 月第 1 次印刷
书　　号　ISBN 978-7-5213-5764-6
定　　价　25.00 元

如有图书采购需求，图书内容或印刷装订等问题，侵权、盗版书籍等线索，请拨打以下电话或关注官方服务号：
客服电话：400 898 7008
官方服务号：微信搜索并关注公众号"外研社官方服务号"
外研社购书网址：https://fltrp.tmall.com

物料号：357640001

记载人类文明
沟通世界文化
www.fltrp.com

卷 首 语

王雪梅

在教育高质量发展背景下,《第二语言学习研究》一方面关注传统的词汇习得、二语写作、自主性等问题,另一方面回应课程思政、积极心理学的发展态势,推出最新研究成果。

本辑共有 10 篇论文,包括 7 篇实证研究论文、2 篇研究综述论文和 1 篇书评,其中不乏国家社科基金和省部级立项的研究成果。这也表明外语学科一直在回应国家和社会需求,力图基于本土研究解决真问题。本辑拟通过多样化的研究主题,全面展示外语学习领域的研究成果,突出强调情绪和心理因素的影响,推动教材和教学方法的改进,关注学习者自主性与个体差异,并对学术研究的现状和未来趋势进行分析,旨在提高外语教学与教育的质量和效果,促进外语学习者的全面发展。

在 7 篇实证研究论文中,雷鹏飞和徐锦芬围绕课程思政语境下高校外语学习者在学习投入的行为、认知、情感等维度上的特点与影响因素展开研究。朱彦借鉴《中小学生守则(2015 年修订)》框架,比较分析英语教材中的价值观融入内容、分布、策略等情况。就词汇习得的两项研究而言,武卫关注了中国大学非英语专业学生的视觉和听觉词汇正确性与自动性能力。董帅、张明月和董记华则基于英语词汇复杂度模型,对比了二语学习者与英语母语者的词汇复杂度,揭示了二者在词汇使用上的异同。最后三项研究反映出情绪因素与外语学习研究之间交叉融合的发展趋势。于涵静和刘天琦采用个体动态法,基于复杂动态系统理论分析了英语专业研究生的交际意愿与外语愉悦之间的历时关系。张宝丹和李成陈探讨了情绪在二语坚毅与二语水平间的中介作用。钟轲、高婧茹和曾涛则聚焦情绪在个人抗逆力与学习投入间的中介作用,拓展了情绪作为中介变量的研究范围。

2 篇研究综述论文围绕二语习得研究的热点问题,即技术赋能外语教育背景下的学习者自主性和心理认知视角下的二语写作过程研究,对相应研究有启示价值。高洋和王晓晨在论文中详细回顾了外语学习者自主性研究范式的演变,展望了未来研究发展趋势。李绍鹏和卫珂昕针对二语写作过程中的停顿行为研究现状与趋势进行了系统梳理。

书评栏目,周雪梅和张凯对杨连瑞、蔡金亭、徐锦芬和陈士法的新著《第二语言习得新发展研究》进行了深入述评,评价其对二语习得研究领域的贡献,进一步推动了该领域的学术研究和实践应用。

(作者为本辑执行主编)

庆祝中国英汉语比较研究会
二语习得研究专业委员会成立 20 周年

  中国英汉语比较研究会二语习得研究专业委员会（简称"专委会"）的前身是 2004 年 1 月在广东外语外贸大学成立的中国二语习得研究会（China Association for Second Language Acquisition，缩写 CASLA），是我国外语界学术性强、与国际学术研究接轨、学术影响力大的全国性学术团体。于 2016 年加入中国英汉语比较研究会，成为国家二级学会。

  专委会第一届会长为广东外语外贸大学的王初明教授，第二届会长为北京外国语大学金利民教授，第三届会长为中国海洋大学杨连瑞教授，现任会长为华中科技大学徐锦芬教授。专委会的领导机构为常务理事会，由 30 名常务理事组成，秘书处设在北京外国语大学。专委会是由全国高校和科研机构从事第二语言习得、语言学（外语、汉语、对外汉语）、心理学、教育学、认知科学等，具有副教授或相应职称以上的教育工作者与科研人员自愿组成的非营利性学术组织。

  专委会的宗旨是：以现代科学理论为指导，遵循学术民主和求索精神，开展第二语言习得研究（中国人学外语、外国人学汉语、少数民族学汉语或外语等），促进本领域国内外学术交流，提升我国二语习得研究学术水平，推动我国外语教育改革和国家对外汉语教育事业的发展，服务国家发展战略。

  专委会遵守中华人民共和国宪法及相关法律法规和政策，遵照国家《社会团体登记管理条例》的精神，开展会务活动。专委会崇尚学术，作风严谨，定期开展一系列学术研究活动，经过十多年的发展，成绩斐然。自成立之日起，专委会年会"第二语言习得研究国际学术研讨会"已成功举办了十届，承办单位分别为广东外语外贸大学（2004）、南京大学（2006）、北京外国语大学（2008）、苏州大学（2010）、华中科技大学（2012）、浙江大学（2014）、重庆大学（2016）、中国海洋大学（2018）、上海外国语大学（2021）和山东大学（2023）。自 2011 年起，专委会每两年举办一次中国二语习得研究高端论坛，已分别在中国海洋大学（2011）、宁波大学（2013）、曲阜师范大学（2015）、上海财经大学（2017）、北京大学（2019）、复旦大学（2020）、上海交通大学（2022）举办了七届。自 2019 年起，专委会还定期举办与二语习得相关的各类主题会议，包括中国海洋大学定期举办的中国二语习得跨学科研究国际论坛，北京外国语大学定期举办的中国少年儿童认知发展与二语习得论坛，广东外语外贸大学定期举办的全国续论研讨会以及全国课堂二语习得论坛等多种学术活动。

  学会举办的各类学术活动从解决实际问题出发，扎根中国大地，提出解决方案，国内学者与国际学者共同参与，学术层次高，参加人员多，为我国外语学科建设和人才培养作出了巨大贡献。

《第二语言学习研究》第十八辑

（2024 年 6 月）

目　　录

Second Language Learning Research

Number 18   June 2024

课程思政语境下高校外语学习者学习投入研究[*]

安徽理工大学　**雷鹏飞**　华中科技大学　**徐锦芬**

提要：课程思政语境下外语学习者的学习投入可以为评估学习者课程思政融入效果提供重要参考。本研究为描述性研究，以学习投入、课程思政相关理论和文献研究为基础，通过定性研究方法收集质性数据，具体探讨分析:(1)外语学习者对融入课程思政元素的外语学习投入的内涵和现状，描述学习者学习投入在各维度上的具体表现；(2)课程思政融入外语教学模式中学习者学习投入的影响因素。数据分析显示，课程思政语境下，学习者投入在行为、认知、情感等维度上呈现出不同特点；个体因素（个体兴趣、外语水平、认知风格等），内容因素（思政内容、融入方式），以及环境因素（课堂环境、学校氛围）等对学习投入影响较为明显。本研究希望为课程思政融入外语教学的效果评价开辟新路径，为外语学习投入的本土化研究提供新思路。

关键词：课程思政；外语学习；学习投入；质性研究

DOI:10.20054/j.cnki.sllr.2024.18.001

1. 引言

　　《高等学校课程思政建设指导纲要》（中华人民共和国教育部 2020）明确指出，高校课程要"注重在潜移默化中坚定学生理想信念、厚植爱国主义情怀、加强品德修养、增长知识见识、培养奋斗精神，提升学生综合素质"。外语课程教育具有文化、教育、道德和政治属性，这些属性会影响学习者对国家身份的理解（Guilherme 2002），并有助于培养他们的国际身份意识（Byram 2008）。

---
　　* 本文系安徽省哲学社会科学规划一般项目"新教育生态下我国高校外语教师心理赋权研究"（项目编号：AHSKF2020D22）的阶段性研究成果。

在我国，大学外语作为"核心通识课程"，具有人文性、工具性和国际性等特征，具有驱动大学生关注、深入理解中国传统文化和中国国情，潜移默化提升文化自觉和思想道德素质的天然优势。因此在大学外语课程教育中融入思政元素不是加法，而应该是方法，服务于高等教育立德树人宗旨（蔡基刚 2021）。《大学英语教学指南（2020 版）》（教育部高等学校大学外语教学指导委员会 2020：4）也指出，"大学英语教学应融入学校课程思政教学体系，使之在高等学校落实立德树人根本任务中发挥重要作用"。

　　大学外语教育融入课程思政的效果是一个复杂的问题，需要关注教师、教材等因素，也需要研究学习者的学习表现，尤其是他们在课程思政语境下的行为、认知和情感投入，即学习者的投入程度（徐锦芬 2021）。从这个意义上说，学习者学习投入可以看作是评估大学外语课程思政教育效果的切入点，研究学习投入在课程思政语境下的内涵及其影响因素，对如何提升课程思政教育效果具有重要作用。

2. 文献综述

2.1　学习投入

　　学习投入（student engagement）是教育研究领域的热点问题，学界对其研究始于 21 世纪初期（Kuh 2003），主要指学习者在学习活动中投入的时间和精力，相关研究涉及内涵、影响因素、投入模式等内容。

2.1.1　学习投入内涵

　　学习投入，体现学生在学习过程中付出努力的程度，涉及主体在行动过程中所表现的行为、认知和情感等维度上的投入，各维度既相互联系又相互作用（Deng *et al.* 2020；Reeve 2012；任庆梅 2021），以整体方式创建学习机会、优化学习效果，对学生的学业成就与未来发展具有深远影响（Reschly & Christenson 2013；Lambert *et al.* 2017）。

　　Fredricks *et al.*（2004）的学习投入三维模型最具影响力。在该模型中，行为投入（behavioral engagement）指学习者在学习过程中的行为表现与行动付出；认知投入（cognitive engagement）表现为学习者在学习过程中对各类认知策略和学习策略的运用、为理解知识或掌握技能所付出的认知努力；情感投入（emotional engagement）体现为学习者在学习过程中的情感与态度。任庆梅（2021）对大学生英语课堂学习状态及学生适应学习环境的过程进行了探讨，并对学习投入做了更具体的界定。其中，行为投入指学生参与学习活动的程度、专注度和积极性，以及活动的强度和努力程度；认知投入指学生为掌握所学内容所付出的认知努力、持久注意力和采用的自我管理策略；情感投入指学生对学习环境产生的正面情感体验，如满意度等。

也有学者从认知、行为、情感与社会等四个维度探索学习投入（徐锦芬、范玉梅 2019；郑春萍等 2021），其中社会投入（social engagement）主要涉及学习者在学习过程中与他人的交际互动，如参与、分享与合作互动等。可见，社会投入在本质和表现上与其他三个维度的投入有较多重叠，因此本研究仍采用认知投入、情感投入和行为投入的三维模式。

2.1.2　学习投入影响因素

Fredricks *et al.*（2004）将影响学习投入的因素归纳为内部因素和外部因素。内部因素包括学习者知识背景、能力水平、性格特征和学习动机等（Wang & Degol 2014；吕中舌、杨元辰 2013）；外部因素包括学校环境、教师支持、同伴关系和任务特征等（Fredricks 2011；范玉梅 2019）。Toth & Davin（2016）则认为学习投入影响因素包括影响有效教学的不可协商因素，如性别、专业；具有调节特征的可协商因素，如教学风格、教育技术。任庆梅（2021）调研后认为，兴趣提升、目标导向、环境控制、动机调控等对混合式教学环境下学生课堂学习投入有不同程度的影响。

2.1.3　学习投入模式

学界对学习投入模式的研究较少，倾向于将其置于不同的学习和教学模式下进行探讨。范玉梅、徐锦芬（2021）研究发现，在以同伴互动度和任务类型为重要指标的合作学习模式中，学习者学习投入各维度表现会有不同；陈静等（2021）研究发现，线上线下混合式教学模式催生的学习投入呈现出"多样的行为投入、深入的认知投入和客观的情感投入"的特征；吴林静等（2022）用案例分析方法发现学习者的学习投入存在五种典型模式："三好学生型""勤奋型""认知型""中规中矩型"和"低成就型"学习者。不过总体看来，在课程思政语境下探讨学习投入模式的相关研究较少。

2.2　大学外语课程思政

"课程思政"概念最早由上海市委、市政府于 2014 年提出，指以构建"三全育人"格局形式将各类课程与思想政治理论课同向同行，形成协同效应，把"立德树人"作为教育根本任务的一种综合教育理念。习近平总书记 2019 年3 月 18 日上午在京主持召开学校思想政治理论课教师座谈会时强调，要"挖掘其他课程和教学方式中蕴含的思想政治教育资源"（中国政府网 2019）。课程思政不是课程，而是一种教育理念，其主要功能在于育人，在于树立学生正确的世界观、人生观和价值观，目标就是帮助学生"修好品德，成为有大爱大德大情怀的人"（蔡基刚 2021：53）。从这个意义上说，大学英语作为受众最广的一门核心通识类课程，理应要承载和充分发挥课程思政的重要功能与作用。

当前大学外语课程思政研究主要围绕课程思政内涵（黄国文、肖琼 2021；罗良功 2021；文秋芳 2021）、实现路径（陈雪贞 2019；杨婧 2020）、教材编写与使用（肖维青、赵璧 2023；徐锦芬 2021）、课程设置（蔡基刚 2021；夏文红、何芳 2019）、课程内容设计（刘正光、岳曼曼 2020）、教师教学能力（高玉垒、张智义 2022；胡萍萍、刘雯静 2022）和教学模式建构（向明友 2022；翟峥、王文丽 2021）等内容展开。本研究主要着眼于外语学习者学习投入的表现和影响因素，关注大学外语课程思政的概念内涵和课程思政教学理念的教学效果。

2.2.1　课程思政的概念内涵

《大学外语课程思政教学指南（送审稿）》指出，"在比较中加深对中外文化的理解，坚定文化自信，促进中外文化交流、文明互鉴，培养学生爱国主义精神和家国情怀，提升用外语讲好中国故事的能力"[1]。从该表述中我们可以看出界定大学外语课程思政内涵的指导思想，即"爱国主义精神和家国情怀"。

在阐释如何在大学外语教材编写中融入思政元素、体现思政内涵时，何连珍（2022）认为大学外语课程思政教育可以着眼于"政治认同"，即习近平新时代中国特色社会主义思想，党史、新中国史、改革开放史、社会主义发展史，世情、国情、党情、民情和家国情怀；"价值引领"，即社会主义核心价值观，中华民族共同体意识；"文化素养"，即时代精神，中华优秀传统文化，用外语讲好中国故事，世界先进文化，世界一切优秀文明成果；"道德修养"，即职业精神，规范、责任感、品格和行为习惯。文秋芳（2021：48）将外语课程思政内涵解读为"以外语教师为主导，通过外语教学内容、课堂管理、评价制度、教师言行等方面，将立德树人的理念有机融入外语课堂教学各个环节，致力于为塑造学生正确的世界观、人生观、价值观发挥积极作用"。

2.2.2　课程思政的效果评估

课程思政肩负立德树人重任，课程思政元素融入既要实现"进教材""进课堂"，更要"进头脑"。"进教材""进课堂"强调融入方法和模式，而"进头脑"则强调课程思政融入需要达成的效果。但关于如何评估大学英语课程思政

---

1 参见教育部高等学校大学外语教学指导委员会 2022 年研制的《大学外语课程思政教学指南（送审稿）》。

教学效果，相关研究存在明显不足（许葵花等 2022）。梳理文献后发现，大学外语课程思政效果评估的相关研究多散见于课程思政教育模式研究之中。例如，房洁（2021）探讨了师生合作评估思政效果的方式，即以德育元素为牵引，学生进行同伴互评后交于教师评阅并进行课内点评；周丽敏、祁占勇（2023），秦丽莉等（2023）分别从有效课堂环境评价和课程思政教学有效性来评估大学外语课程思政的效果。可见，不管是在理论建构还是实践路径上，大学外语课程思政效果评估的相关研究都亟待深入。

2.3　研究问题

本研究的概念框架基于 Fredricks *et al.*（2004）和任庆梅（2021）提出的"学习投入"概念模型，结合课程思政语境下大学外语教学的模式进行适当修改。课程思政的内涵则综合了何莲珍（2022）和文秋芬（2021）关于课程思政元素内涵的研究成果。

本研究为描述性研究，将学习者学习投入作为对课程思政融入大学外语教学效果的评估指标，通过个案研究方法，深入细致地考察学习者对课程思政融入大学外语的学习投入情况，具体探讨分析以下两方面：

（1）课程思政融入外语教育的学习者学习投入的内涵及现状；

（2）课程思政融入外语教学模式中学习者学习投入的影响因素。

3. 研究方法

3.1　研究对象

某中部省属重点高校大学外语课程思政教学改革试点 4 个班级非英语专业二年级学生，涉及数学、管理科学、机械工程、电气工程等专业。经过协商，重点挑选 10 名自愿参与并积极配合本研究的学生作为访谈和提供反思材料的对象。男生 6 名，女生 4 名，平均年龄 20.3 岁。

3.2　研究设计

4 个试点班级的大学英语课程均由同一名教师教授。该教师经过课程思政教学专门培训，授课教材为《理解当代中国》系列教材。本文作者作为校督导组成员，两周内重点观察 4 个班级课堂教学中学生对课程思政融入的学习投入情况，并选定 10 名学生做焦点小组访谈，同时要求其就大学英语教学与学习过程中与课程思政相关的内容提交反思日志。

3.3　数据收集

（1）随堂听课观察（field observations），时长两周，将课程内容录音，整理出与课程思政相关的内容，转化成文字描述，共形成约 7.3 万字汉语数据库。

（2）焦点小组访谈（focus groups），两周内对所选定的 10 名学生进行 2 次焦点小组访谈，聚焦大学英语课程思政教学各层面问题。访谈持续 60 分钟至 90 分钟不等。录音访谈内容并转写为文字，共形成约 12 万字汉语数据库。

（3）学生反思日志（students' reflections），要求选定的 10 名学生每周提供一篇 1000 字左右的关于其对大学外语课程思政教学反思日志，共计 20 篇，2 万字左右。

3.4　数据分析

两位研究者对观察数据采用主题分析法进行编码，编码强调在数据中精确定位、检查和记录主题或模式，与特定研究问题相关联；对访谈和反思日志数据用内容分析法进行编码。分歧之处通过讨论协商解决。

4. 结果与讨论

4.1　课程思政融入大学外语教学的学习者学习投入内涵及现状

数据分析结果显示，学习者对课程思政融入大学外语教学的学习投入在认知、情感、行为等维度上呈现出不同的内涵和状况。

4.1.1　认知投入

我们结合本研究框架和实验中的数据分析，将认知投入定义为，在课程思政语境下学习者各类认知和学习策略的应用，以及为掌握所学内容所付出的认知努力。通过数据分析，我们有以下发现。

第一，学生能够认识并理解课程思政融入大学外语教学的意义，认可大学外语教学具有课程思政教育的天然优势。

> 虽然学的是英语，但我的体会是：这门课让我感觉向外国朋友，如本校留学生，介绍我们传统文化、解释习近平总书记治国理政理念时非常有帮助。（S1）
> 现在所学的英语教材（《理解当代中国》）每个单元主题我们都非常熟悉，既有 New Development Concepts，也有 a New "Long March"，这就是课程思政元素吧，虽然换成了英语语言作为载体，但我们觉得这样汉语理念和英语语言的组合毫无违和感。（S7）

第二，学生能够采用多种学习策略内化所融入课程思政元素内容，通过主动重构自我知识体系以适应课程思政融入的大学外语教学内容，在外语学习中建立起课程思政元素之间的内在联系，并对其进行深度加工。

在 Confidence in the Political System of Chinese Socialism 这篇的学习中，我们有很多讨论任务。这时我将自己所见所闻、所思所想都调动起来了，有时还会主动查阅和求证政治课程教材。比如关于中国政治体制改革（reforming and improving China's political system）、全过程人民民主（whole-process people's democracy）等，并与国外的政治体制进行比较，在反思和讨论中看到了我国政治制度的优越性，增强了自信心（自豪感）。（S3）

第三，学生为适应课程思政融入大学外语教学的授课模式，不断优化个人学习习惯和方法，与教师互动协商，力争达到最佳融入效果。

我学习外语的主要困难不在于教材中的思想内容，而是在于语言，有些表达我是很熟悉的，比如 eco-environmental protection and green development，我稍微查一下就知道，我现在也学会了查阅英汉词典；但有些我就从来没有见过它的英语表达，比如 national rejuvenation、*China's Epic Journey from Poverty to Prosperity*，老师讲的时候，我就 get 不到这个点，建议老师对这些表达用双语进行解释。（S7）

4.1.2　情感投入

情感投入在本研究中被定义为：学生参与教师和教材设计的课程思政融入大学外语教学各项活动时的体会、感受和态度。我们在分析数据时有如下发现。

第一，学生对课程思政融入外语教育模式总体呈积极态度，抱有良好期待，并予以正向评价。

与思想道德修养与法律基础等政治课程不一样，外语课堂上讲课程思政，内容更加多元化，学习形式也更加新颖多样，对我来说更有意思，更具有吸引力。（S5）

我比较喜欢教材中那些耳熟能详的中国术语和概念的英语表达，比如"中国式现代化""民族复兴的中国梦"等，它们对应的英文表达让我有重新理解这些表达的感觉，这种感觉很美妙。（S9）

第二，学生对中华优秀传统文化、符合时代潮流的身边人和事、国家大事有较大兴趣，而对"苦难教育"题材和话题讨论活动理解有一定困难，甚至感到不适应。

老师在讲到新发展理念的时候，我当时就在想，如何理解并解决现在有些国家流行的贸易保护主义（trade protectionism）问题呢？于是我查了很多资料，也有一些自己的思考，在小组讨论中表现很好，很有成就感！（S4）

希望老师换位思考，不要居高临下批判学生，注重平等交流；不要沉迷于歌颂苦难。这些内容同学们大多不太容易理解，而且兴趣点也不高，毕竟我们不是在老师成长的那个时代生活学习。（S1）

第三，学生偏爱课堂教师结合案例和事例解读思政元素，喜欢委婉或风趣幽默的教学表达方式，而非空洞说教。此外，大学生依然将教师的言行举止作为其学习模仿的内容。

> 比较反感老师直接说教，反复啰嗦学生都已经知道的东西；希望老师用更灵活的、我们这一代人熟悉喜欢的方式将这些重要的思政内容教授给我们，比如对主题纪录片（如 *China: Time of Xi*《中国：习近平时代》）的同步解说就很好。（S2）

> 非常喜欢我们英语老师的为人处世方式，她体贴学生，评价学生表现时公平公正，是我心目中为人师表的老师。（S4）

4.1.3　行为投入

结合本研究理论框架和数据分析，我们将行为投入定义为：学生在教师和教材设计的课程思政融入大学外语相关教学活动的参与程度。我们梳理数据后发现：

第一，学生基本上都能够积努力融入课程思政元素提供的相关语境，积极参与教师和教材中与课程思政融入相关的教学活动。

> 与高中时期上英语课相比，我用英语参加课内外活动的次数明显多一些，不全是回答老师提问，也主动参加一些比如小组讨论、英语演讲等活动，这主要是因为现在的大学外语课程所讨论的很多话题让我想说，也有话可说。（S2）

第二，学生会充分利用信息时代提供的技术与设备的便利，通过自主学习的方式学懂弄通课程思政相关的疑难问题。

> 因为现在外语教材中中国相关的内容多，所以用外语和同学们讨论问题的机会也多了，虽然也会遇到表达卡壳的时候，但我会立即翻阅教材，或者求助电子词典，或者其他同学，求证后继续讨论。（S10）

> 我会求助 ChatGPT 帮我解决一些中国传统文化和经典文化相关的问题，比如成语典故的英文解释，这非常有用。（S4）

第三，学生会就教师布置的课程思政相关话题与同学开展互动，也会将英语知识运用到其日常生活之中。

> 教材上的内容都是关于中国的人文地理、政治历史等，所以课堂上设计的话题我们都很熟悉，对于老师布置的任务我们都会在字典等工具的帮助下积极讨论。（S5）

> 我有一次和同学旅游时就专门留心那个城市中宣传标语的英语表述是否正确、准确，尤其是文化旅游景点和政治宣传标语，比如社会主义核心价值观。我们还发现有些表述和我们学过的不一致，为此还求教过英语老师。（S8）

4.2　课程思政融入外语教学模式中学习投入影响因素

通过梳理数据我们发现，学习者个体差异、学习环境因素等对学习者的学习投入影响较为明显。

4.2.1　个体因素

虽然学习者个体差异内涵丰富，但本研究发现，学习者个体兴趣、语言水平和认知风格对其学习投入有较大影响。

首先是个体兴趣。我们发现，当课程思政内容和教学方式与学生个体兴趣相吻合时，学生会更加认真专注，更愿意主动参与各项学习活动，即影响学习者的行为投入程度。这一发现部分印证了 Phung（2016）的研究。

> 老师在谈到 China' technological innovations 时，即使我有很多想法，但不会用英语表达，我也很渴望参加小组讨论活动，哪怕说一些只言片语。因为这和我的电气工程专业有很大关系，专业课老师刚刚讲过技术创新对我们专业学生的重要性。（S10）

其次是语言水平和认知风格。作为内容和思想的表现形式，语言水平高低直接影响学生在认知、情感和行为上的投入，而场依赖型或场独立型的认知风格差异在学生情感和行为的投入上也会有影响。

> 希望老师考虑到学生的英语表达能力和羞怯心理，细致考虑学生既不会说也不想说、想说不会说、会说不想说等具体情况，或提供语言层面的辅助，或设计 pair-work，或利用雨课堂弹幕投稿等方式，提高学生学习投入程度。（S9）

4.2.2　内容因素

课程思政融入大学外语教育体现在教与学的各个环节和层面，但学习者在多大程度上将这些融入转化为其学习投入，思政内容和融入方式至关重要。

其一，思政内容。本研究对课程思政元素的界定，除教学内容上的政治认同、家国情怀、文化素养和道德修养外，还有课堂管理、评价制度、教师言行等，内容更加广泛。这些发现与任庆梅（2021）、文秋芳（2021）等学者的观点不谋而合。

> 老师课间休息常常会登录 Xinhua Net 和我们一起看 Video & Live 栏目的短视频，了解中国发展对国际的贡献，虽然是我们下课时间，但我每次都看得很认真。（S3）

我们研究也发现学生"亲其师信其道"的情感投入例证：

> 我就是喜欢上英语老师的课，她的课堂让我感到轻松，我也喜欢她说英语时的自信，我也努力学习她的样子。（S4）

其二，融入方式。融入方式是外语教师课程思政教学能力的外在表现（高玉垒、张智义 2022）。传统课堂上有同伴互动协作、教师讲授、学生自主学习等，有教育技术加持后，多模态的融入方式便越来越普遍。融入方式对学习投入的各个维度都会产生影响。

> 在认知上，我们并不反感思政融入课程，目前我们做的不是过多而是远远不够。但是我们很不喜欢那种空洞说教的方式，我感觉大学外语中的课程思政融入在数量和质量方面都还需要提高。（S8）
>
> 我喜欢一个人自主完成老师给我们布置的任务，因为这些任务需要我对未来职业规划、职业素养等做深入思考，只有我最需要理解我自己。（S6）
>
> 我认为有声光电影效果的思政元素，……让人更感兴趣。（S3）

4.2.3　环境因素

如果将大学外语学习视作多层级的生态系统，学校和课堂相对于学习者个体而言便是重要的外部学习环境。我们研究发现，它们对学习者投入产生重要的影响。

第一，学校氛围。学校的专业学科特色、课程思政相关制度、课程思政教学竞赛活动等，对学习者认知、情感和行为等学习投入均会产生影响。

> 我们学校是工科特色明显的高校，学校教师队伍中有大国工匠、工程院院士，他们给我们做过好几场报告，他们的劳模精神、全国道德模范精神、大国工匠精神和执着的精神，让我很受震撼，学校给我们提供了强大的榜样力量。（S1）
>
> 听说学校对每门课程的课程思政都有要求，我们在给教师教学评价的时候也有这类评分项，学校对课程思政非常重视，我们是学生，当然也要重视。（S3）
>
> 进校以来，我已经参加了好多场与课程思政相关的比赛，有演讲、写作等。也获得了不错成绩，更重要的是，我的兴趣提高了。（S5）

第二，课堂环境。课堂教学中任务类型、人际互动、教学条件等对思政元素语境下外语教学中学生投入效果有明显影响（陈静等 2021），本研究数据分析支持该观点。

> 课堂上的 discussion 环节中，如果互动少，老师一个人在那儿不停地说，那我们就不会费脑筋去思考、去记忆那些我们工科生不熟悉的文化知识点和政治要点，兴趣也就慢慢减退了，这样效果不好，印象不深刻。（S5）
>
> 老师布置的任务不同，我们投入的精力多少也不一样。有时候要合作讨论，合理分工，这样任务完成得快很多，比如那次任务 "give a presentation explaining how China's new development philosophy has boosted its high quality development"，我们小组每个人都有具体任务，投入都很多。（S7）

4.3　课程思政融入外语教学模式中学习投入结构模型图

基于本研究理论框架和质性数据分析，我们构建了课程思政语境下外语学习者学习投入概念性的结构模型，如图1所示。

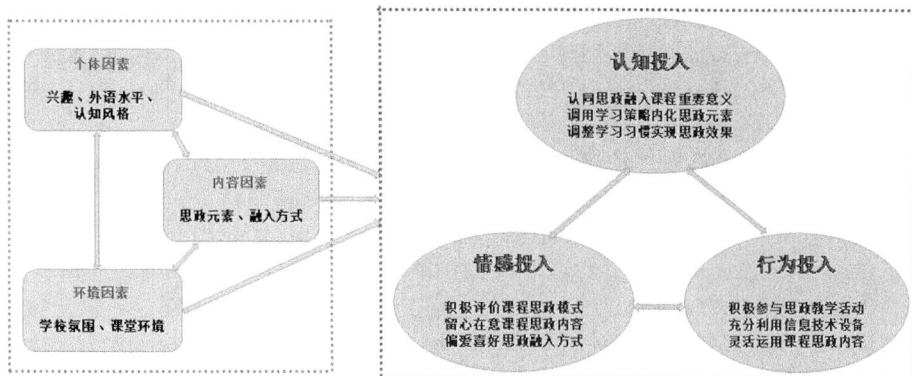

图1.　课程思政语境下学习者投入结构模型图

5. 结语

本研究为描述性研究，通过对所收集的各类数据进行分析，可以初步得出如下结论：

第一，课程思政语境下大学外语学习投入主要体现在认知、情感、行为等维度上，各维度内涵不同，但相互联系，互相作用。第二，学习者个体兴趣、语言水平和认知风格等个体差异因素，课程思政内容及融入方式等本体因素，课堂环境与学校氛围等外部环境因素等对学习投入影响较为明显，但不同因素对不同维度的投入影响有所不同。

本研究不足之处主要在于样本量小，涉及面窄，历时时间短等。未来研究可以采用质性研究与量化研究混合的方式，增大样本量和覆盖面。本研究从课程思政视角研究学习投入，既希望为课程思政融入外语教学的效果评价探索新路径，也有望为外语学习投入的本土化研究提供新思路。

参考文献

Byram, M. 2008. *From Foreign Language Education to Education for Intercultural Citizenship: Essays and Reflections* [M]. Bristol, Blue Ridge Summit: Multilingual Matters.

Deng, R., P. Benckendorff & D. Gannaway. 2020. Learner engagement in MOOCS: Scale development and validation [J]. *British Journal of Educational Technology* 51: 245-262.

Fredricks, J. A. 2011. Engagement in school and out-of-school contexts: A multidimensional view of engagement [J]. *Theory into Practice* 50 : 327-335.

Fredricks, J. A., P. C. Blumenfeld & A. H. Paris. 2004. School engagement: Potential of the concept, state of the evidence [J]. *Review of Educational Research* 74: 59-109.

Guilherme, M. 2002. *Critical Citizens for an Intercultural World: Foreign Language Education as Cultural Politics* [M]. Bristol, Blue Ridge Summit: Multilingual Matters.

Kuh, G. D. 2003. What we're learning about student engagement from NSSE: Benchmarks for effective educational practices [J]. *Change: The Magazine of Higher Learning* 35: 24-32.

Lambert, C., J. Philp & S. Nakamura. 2017. Learner-generated content and engagement in second language task performance [J]. *Language Teaching Research* 21: 665-680.

Phung, L. 2016. Task preference, affective response, and engagement in L2 use in a US university context [J]. *Language Teaching Research* 21: 751-766.

Reeve, J. 2012. A self-determination theory perspective on student engagement [A]. In S. Christenson, A. Reschly & C. Wylie (eds.). *Handbook of Research on Student Engagement* [C]. Boston: Springer. 149-172.

Reschly, A. L. & S. L. Christenson. 2013. Grade retention: Historical perspectives and new research [J]. *Journal of School Psychology* 51: 319-322.

Toth, P. D. & K. J. Davin. 2016. The sociocognitive imperative of L2 pedagogy [J]. *The Modern Language Journal* 100: 148-168.

Wang, M.-T. & J. Degol. 2014. Staying engaged: Knowledge and research needs in student engagement [J]. *Child Development Perspectives* 8: 137-143.

蔡基刚，2021，课程思政与立德树人内涵探索——以大学英语课程为例 [J]，《外语研究》（3）：52-57。

陈静、陈吉颖、郭凯，2021，混合式学术英语写作课堂中的学习投入研究 [J]，《外语界》（1）：28-36。

陈雪贞，2019，最优化理论视角下大学英语课程思政的教学实现 [J]，《中国大学教学》（10）：45-48。

范玉梅，2019，任务类型对同伴互动中学习者投入的影响研究 [J]，《解放军外国语学院学报》（6）：29-37。

范玉梅、徐锦芬，2021，同伴熟悉度对同伴互动中学习者投入的影响研究 [J]，《外语与外语教学》（2）：82-91。

房洁，2021，大学英语课程思政中的国家意识培养 [J]，《外语电化教学》（6）：51-56。

高玉垒、张智义，2022，大学英语教师课程思政教学能力的结构模型建构 [J]，《外语电化教学》（1）：8-14。

何莲珍，2022，从教材入手落实大学外语课程思政 [J]，《外语教育研究前沿》（2）：18-22。

胡萍萍、刘雯静，2022，大学英语教师课程思政教学能力现状调查 [J]，《外语电化教学》（5）：11-17。

黄国文、肖琼，2021，外语课程思政建设六要素 [J]，《中国外语》（2）：1，10-16。

教育部高等学校大学外语教学指导委员会（编），2020，《大学英语教学指南（2020版）》[C]。北京：高等教育出版社。

刘正光、岳曼曼，2020，转变理念、重构内容，落实外语课程思政 [J]，《外国语》（5）：21-29。

罗良功，2021，外语专业课程思政的本、质、量 [J]，《中国外语》（2）：60-64。

吕中舌、杨元辰，2013，大学生英语动机自我系统及其与学习投入程度的相关性——针对清华大学非英语专业大一学生的实证研究 [J]，《清华大学教育研究》（3）：118-124。

秦丽莉、赵迎旭、高洋、王永亮，2023，社会文化理论指导的大学英语课程思政教学有效性研究路径 [J]，《解放军外国语学院学报》（1）：78-86。

任庆梅，2021，大学生英语课堂学习投入多维评价体系的理论框架 [J]，《外语界》（2）：37-45。

文秋芳，2021，大学外语课程思政的内涵和实施框架 [J]，《中国外语》（2）：47-52。

吴林静、高喻、涂凤娇、王瑾洁、刘清堂，2022，基于语义的在线协作会话学习投入自动分析模型及应用研究 [J]，《电化教育研究》（3）：77-84。

夏文红、何芳，2019，大学英语"课程思政"的使命担当[J]，《人民论坛》（30）：108-109。

向明友，2022，基于《大学外语课程思政教学指南》的大学英语课程思政教学设计 [J]，《外语界》（3）：20-27。

肖维青、赵璧，2023，课程思政背景下的大学英语教材内容重构实践——以"大学英语课程思政数字资源包"建设项目为例 [J]，《外语界》（1）：57-65。

徐锦芬，2021，高校英语课程教学素材的思政内容建设研究 [J]，《外语界》（2）：18-24。

徐锦芬、范玉梅，2019，社会认知视角下的外语学习者投入研究 [J]，《外语教学》（5）：39-43，56。

许葵花、张雅萍、王建华，2022，大学英语课程思政"四位一体"模式建构及评价研究 [J]，《外语教学》（5）：48-54。

杨婧，2020，大学英语课程思政教育的实践研究 [J]，《外语电化教学》（4）：27-31。

翟峥、王文丽，2021，基于课程思政链的大学英语混合式教学实践探索——以英语通识课"媒介素养"为例 [J]，《外语电化教学》（6）：63-67。

郑春萍、卢志鸿、刘涵泳、王丽丽、韩小华，2021，虚拟现实环境中大学生英语学习观与学习投入研究 [J]，《外语电化教学》（2）：85-92，101。

中国政府网，2019，习近平主持召开学校思想政治理论课教师座谈会[OL]，https://www.gov.cn/xinwen/2019-03/18/content_5374831.htm（2024年7月17日读取）。

中华人民共和国教育部，2020，教育部关于印发《高等学校课程思政建设指导纲要》的通知 [EB/OL]，http://www.moe.Gov.cn/srcsite/A08/s7056/202006/t20200603_462437.html（2024年7月25日读取）。

周丽敏、祁占勇，2023，大学外语课程思政教学评价量表开发研究 [J]，《外语界》（3）：71-77。

通信地址：232001 安徽省淮南市泰丰大街168号安徽理工大学外国语学院

作者简介：雷鹏飞，安徽理工大学外国语学院教授，博士，硕士生导师。研究方向为二语习得和教师发展。

Email: pflei@aust.edu.cn

徐锦芬，华中科技大学外国语学院教授，博士，博士生导师。研究方向为教师发展和应用语言学。

Email: xujinfen@hust.edu.cn

基于比较分析的英语教材价值观
融入研究*

复旦大学外国语言文学学院　　**朱　彦**

提要： 价值观融入是英语教材育人功能的重要保障。本文在文献研读的基础上，结合立德树人的教育总目标，提出涵盖 9 个价值观内容维度和 4 个培育方式维度的分析框架，并采用这套框架对 3 套教材进行全覆盖内容对比分析，探究 3 套教材在价值观内容、价值观分布和价值观融入策略方面的特色和不足。研究发现，3 套教材具有积极的价值导向，但是也存在价值观内容分布不均衡、显性融入策略运用不足、负面警示策略安排不够合理等问题。本研究对英语教材的开发、使用和评估具有重要参考价值。

关键词： 价值观融入；英语教材；内容分析
DOI:10.20054/j.cnki.sllr.2024.18.002

1. 研究背景

　　教材建设体现国家意志，是国家事权。因此，教材建设的关键在于保障其育人功能，落实立德树人的教育根本任务。外语教学在其课程目标、教学目标、教材开发等方面均应体现其社会政治目标（Widodo *et al.* 2018），著名教材研究专家 Cunningsworth（1995）曾特别强调教材并非价值中立，而是隐性或显性地表达某种价值观。在我国，英语教材是衔接课程标准和教师教学实践的重要纽带，是英语学科育人价值的重要载体。《义务教育英语课程标准（2022年版）》颁布后，新一轮的英语国家课程教材编写修订工作有序推进。在新形

---

　　* 本文系国家教材建设重点研究基地 2023 年度教育部规划项目"大中小学外语教材思想政治审核机制研究"（项目编号：2023GH-ZDI-ZH-Y-02）的阶段性研究成果。

势下，我们有必要深入研究英语教材中的价值观融入问题，为教材建设、使用和评估工作提供参考。

2. 文献综述

价值观融入在教材开发、使用和评估研究中可以细化为 3 个方面：第一，应在教材中融入何种价值观？第二，价值观内容在整套教材中如何分布？第三，采用什么方式融入价值观？

2.1 对价值观内容的研究

教材融入何种价值观是国内外相关研究关注的重点，国外的研究包括 Unsriana & Ningrum（2018）对日本小学教材中价值观融入的探讨，Widodo（2018）对印度尼西亚教育部审定中学英语教材的研究，Van Canh（2018）对柬埔寨中学英语教材的分析等。然而，国外的研究与我国的教材研究所处的社会文化情境有一定差异，参考价值有限。

国内现有研究中对融入何种价值观这一问题的探讨相对较少，笔者在知网上检索到的论文总量不足 10 篇。在为数不多的论文中，研究者所采用的价值观内容分析框架也不尽相同。例如，谢赛等（2021）将《普通高中英语课程标准（2017 年版 2020 年修订）》中的人与自我、人与社会和人与自然 3 大主题进行细分，形成涵盖 3 项主价值观和 9 项分价值观的分析框架，并依托该框架对人教版高中英语教材和小学英语教材中的价值观融入情况展开内容分析。李秋娜（2021）采用了类似的个人、社会和自然 3 个层次的价值观分析框架对 4 套高中英语教材进行分析，但是框架中每个层次下的内容细分有所不同。李真（2017）采用克拉克洪和斯多特贝克文化价值取向模式来分析人教版高中英语教材。研究框架不一致的问题直接反映出学界对于社会主义核心价值观在教材中的具化内容仍缺乏统一的认识。

2.2 对价值观内容分布的研究

教材中价值观内容分布的问题包括两个重要方面：价值观内容在整套教材中所占的比重、价值观内容在不同年级分册的分布。在为数不多的研究中，有少量研究者对整套教材开展全覆盖内容分析，如谢赛、冼雨婷（2021）对人教版三年级起点小学英语教材共 8 册的文本进行全覆盖内容分析后发现，虽然该教材价值观覆盖面广、重点突出，但是部分价值观分布失衡。值得一提的是，这一研究虽然做到了对全套教材的内容分析，但是仅聚焦教材中的文本部分。相比之下，Feng（2019）对中国香港小学和中学全套共 19 本英语教材进行多模态内容的分析，更加全面透彻。研究发现，这套教材中融入的价值观内容呈现出从个人领域到人际领域再到利他关怀领域的变化。对整套教材开展全覆盖内容分析的研究，尤其是关注文本、图片等多模态资源构建价值观培育点的研究，对教材建设具有直接启示意义。

2.3 对价值观融入方式的研究

对教材价值观融入方式的实证研究一般采用内容分析法，这方面研究的理论视角和实践落脚点不尽相同。前人的研究大致可分为 3 类：第一类是教学理论视角。例如，Ma（2012）结合我国英语课程标准的要求，以人教版小学英语教材为研究对象，关注教材如何通过情绪相关活动来实现价值观教育的要求；谢赛、冼雨婷（2021）从教材评价理论出发，将价值观的呈现方式分为外显型和内隐型，前者包括情景对话、插图呈现、直接描述和故事叙述，后者为教师引导。

第二类是系统功能语言学视角。例如，Chen（2010）从系统功能语言学的角度，以我国小学和中学英语教材为研究对象，探究教材中如何通过共同构建语言和视觉资源达成价值观培育目标；Widodo（2018）采用批判性微观符号学话语分析的方法，对印度尼西亚教育部审定的中学英语教材展开研究，发现教材中价值观内容主要通过图示和不同体裁的文本呈现。

第三类是综合理论视角。例如，Feng（2019）融合社会符号学和心理学理论探究中国香港小学和中学的英语教材价值观融入方式，提出建构社会价值判断的三阶段模式，包括情景导入、态度判断和行为发生。其中，情景导入指引发判断的行为（如"她把毕生积蓄捐给穷人"），态度判断指通过表达态度倾向言语所传达的对于该行为的真实想法（如"她是个善良的人"），行为发生指因态度判断而产生的言语或非言语行为（如"我们都要向她学习"）。在这三个阶段中，态度判断属于对价值观内容的显性呈现，情景导入和行为发生属于隐性呈现。同时，Feng（2019）基于心理学中 Kohlberg（1981）提出的儿童和青少年的道德发展理论，结合不同阶段学生的心理特点，考量教材中价值观融入策略的适切性。

总体而言，鉴于教材建设工作的高度复杂性，需要在具体的主题语境中，综合课程标准的要求、学生发展的特点等因素，选择合适的价值观融入方式，因此，综合理论视角的研究更具参考价值。

3. 研究设计

3.1 研究问题

本文以 1 套国家课程教材、1 套地方课程教材和 1 套国际教材为研究对象，旨在回答以下 3 个研究问题：

（1）3 套教材中呈现了哪些价值观内容？

（2）3 套教材中价值观内容如何分布？

（3）3 套教材中采用了哪些价值观融入策略？

3.2 研究对象

本研究选取 3 套小学英语教材为分析对象。第一套（R 教材）于 2012—2014 年出版，为通过我国教育部教材局审定进入国家教材目录的教材，该教材包括一至六年级共 12 册；第二套（S 教材）于 2007—2012 年出版，为进入某市地方课程（五四学制）教材目录的教材，包括一至五年级共 10 册；第三套（D 教材）为被国际学校广泛使用的国际课程教材，由某知名国际出版社于 2017 年出版，包括一至六年级共 12 册。

3.3 数据收集与分析

本研究采用内容分析法对 3 套教材进行分析，以教材中的活动板块为基本分析单位，对每套教材中所有板块体现的价值观内容和价值观融入策略进行内容编码。

考虑到小学阶段学生的认知和心理特点，本研究采用可观测的行为表现描述作为价值观内容分析框架。我国教育部发布的《中小学生守则（2015 年修订）》（中华人民共和国教育部 2015）是国家依据中小学学生发展的新特点提出的培育社会主义核心价值观的行为规范准则，与价值观体系具有内在一致性。因此，本文采用《中小学生守则（2015 年修订）》中列出的 9 条行为描述作为教材价值观内容分析框架，具体内容见表 1。

表 1. 教材中价值观融入内容编码表

1) 爱党爱国爱人民	了解党史国情，珍视国家荣誉，热爱祖国，热爱人民，热爱中国共产党
2) 好学多问肯钻研	上课专心听讲，积极发表见解，乐于科学探索，养成阅读习惯
3) 勤劳笃行乐奉献	自己事自己做，主动分担家务，参与劳动实践，热心志愿服务
4) 明礼守法讲美德	遵守国法校纪，自觉礼让排队，保持公共卫生，爱护公共财物
5) 孝亲尊师善待人	孝父母敬师长，爱集体助同学，虚心接受批评，学会合作共处
6) 诚实守信有担当	保持言行一致，不说谎不作弊，借东西及时还，做到知错就改
7) 自强自律健身心	坚持锻炼身体，乐观开朗向上，不吸烟不喝酒，文明绿色上网
8) 珍爱生命保安全	红灯停绿灯行，防溺水不玩火，会自护懂求救，坚决远离毒品
9) 勤俭节约护家园	不比吃喝穿戴，爱惜花草树木，节粮节水节电，低碳环保生活

本研究采用的价值观融入策略框架包括 4 个子维度：主题语境、内容设计、融入过程和教育方式（见表 2）。具体来说，主题语境是指该教材板块所处单元设置的单元主题，包括以"我"为视角展开的"人与自我"主题，以"社会"为视角展开的"人与社会"主题，以及聚焦"自然"的"人与自然"主题。内容设计是指该板块所采用的设计元素，包括语篇文本、活动指令和插图设置。融入过程是考察该板块是否涵盖情景导入、态度判断和行为发生这 3 个价值观发展阶段，其中，态度判断包括以言语明确表达的显性判断（如"Thanks for your kindness"）和以非言语手段（如插图中人物的表情、身体语言等）表现出来的隐性判断。价值观教育方式包括正面引导和负面警示两方面。其中，正面引导是指通过人物言语、行为正面示范引导学生形成某种价值观，例如，小学生有序排队进入校园，面带微笑向老师问好，迎候他们的老师也面带微笑，就是对"礼让排队"和"尊敬师长"这两项价值观要求的正面引导；负面警示是指通过呈现偏误行为所导致的危害来告诫学生树立正确的价值取向，如通过《狼来了》的故事说明诚实做人的道理。

表 2.　教材中价值观培育方式编码表

主题语境	内容设计	融入过程	教育方式
（1）人与自我	（1）文本（无指令语）	（1）情景导入	（1）正面引导
（2）人与自然	（2）活动（有指令语）	（2）态度判断（显性）	（2）负面警示
（3）人与社会	（3）图片	（3）态度判断（隐性）	
		（4）行为发生	

本研究根据教材板块的具体内容特征进行单一或复合编码。例如，若某个板块设计中同时体现显性和隐性的价值观态度判断，那么在融入过程中会给予该项目"2+3"的编码，即为复合编码。笔者和一位研究助理分别完成初步编码，并对不一致的编码进行协商，最终达成一致意见。

4. 研究结果与讨论

4.1　价值观内容

表 3 呈现 3 套教材中涵盖的具体价值观内容。可以看到，3 套教材中出现比例最高的项目均为"孝亲尊师善待人""好学多问肯钻研"和"自强自立健身心"，说明这 3 套教材的编写者都十分重视善待他人、勤学好问、强身健体等价值观目标的培育，充分体现了教材启智增慧、铸魂育人的教育功能。但是也不难看到，3 套教材的价值观内容呈现出极不平衡的态势，均存在呈现率不足 1% 的项目。例如，R 教材中对诚实守信有担当和勤俭节约护家园的相关价

值观塑造有所缺失，S 教材中忽略了对爱党爱国爱人民、诚实守信有担当和勤俭节约护家园相关价值观内容的呈现。值得一提的是，D 教材对爱党爱国爱人民、诚实守信有担当、珍爱生命保安全这 3 类非常重要的价值观内容融入极为不足。

表3. 3套教材中价值观内容呈现情况

教材 价值观	R教材		S教材		D教材	
	频率	比例	频率	比例	频率	比例
（1）爱党爱国爱人民	13	1.5%	2	0.3%	0	0.0%
（2）好学多问肯钻研	32	3.6%	23	3.4%	16	2.6%
（3）勤劳笃行乐奉献	16	1.8%	14	1.9%	14	2.3%
（4）明礼守法讲美德	15	1.7%	22	3.0%	12	2.0%
（5）孝亲尊师善待人	115	13.0%	119	16.3%	32	5.2%
（6）诚实守信有担当	0	0.0%	6	0.8%	1	0.2%
（7）自强自立健身心	56	6.3%	41	5.6%	28	4.6%
（8）珍爱生命保安全	16	1.8%	12	1.6%	3	0.5%
（9）勤俭节约护家园	1	0.1%	3	0.4%	10	1.6%
总频率	264	29.7%	242	33.4%	116	19.0%
全部板块总数	888	–	730	–	612	–

本研究的这一发现与谢赛、冼雨婷（2021）对人教版小学英语教材中价值观内容的分析结果相一致，说明重要价值观内容呈现不足的问题不仅存在于 1 套教材，应当引起教材开发者和评审者的高度重视。同时，本研究发现国际出版社出版的 D 教材对社会主义核心价值观的融入率偏低，尤其是对爱国、诚信、珍爱生命等重要价值观培育点的呈现不足，这进一步印证了英语教材自带价值取向的观点（Pennycook 2017；Widodo 2018），有关单位在选用教材时应当加强对教材思想政治内容的审核把关。

4.2 价值观内容的分布

表 3 同时呈现了 3 套教材中价值观内容的总量分布情况。从融入价值观内容的板块在全套教材内容中的占比来看，R 教材和 S 教材中涵盖价值观培育点的内容比重明显高于 D 教材，总量达到约 1/3，这与两套教材分别作为教育部审定国家课程教材和地方课程教材的定位是相称的。D 教材的目标群体是全球的小学生，因此对中国社会主义核心价值观的呈现明显偏低。

    图 1 呈现 9 项价值观内容在 3 套教材各年级分册的分布情况。可以看到，3 套教材均存在价值观内容分布疏密不均的问题。具体体现在两个方面。一是教材中价值观内容的设置没有随着学生年龄增长和认知发展而体现出一定的变化。虽然 S 教材的三年级第一学期至五年级第二学期这 6 册中呈现出较好的递增态势，但是总体而言，3 套教材在价值观内容的分布上缺乏合理的规划。二是同一年级两个学期之间的价值观内容数量不平衡。虽然 R 教材的二年级和三年级、S 教材的四年级、D 教材的二年级均呈现出一个年级上下册之间容量微增的状态，但是整体来说，3 套教材均未充分重视价值观内容在同年级上下册之间的科学分布，甚至出现某个年级从第一学期至第二学期的进阶过程中价值观融入数量呈现断崖式下降的情况。导致这一现象的原因可能是教材编写、修订和审核时缺乏科学系统的参照依据，也可能是编者在教材编写、修订的过程中为照顾某些年级段在语言难度、活动设计、单元容量等方面的具体要求而忽略了价值观的融入。

    教材内容的分布和推进是否符合学生的发展规律是教材评估中普遍认可的重要标准（Cunningsworth 1995；McDonough *et al.* 2013）。因此，教材开发者在价值观融入的问题上需要充分考虑学生认知、心理和情感的发展规律，从整套教材的宏观视角，合理布局价值观内容。鉴于价值观融入对于发挥英语教材"培根铸魂、启智增慧"育人效应的关键作用，有必要在国家层面组织开发英语教材价值观内容指南，为教材编写、修订和审核人员提供具体参考。

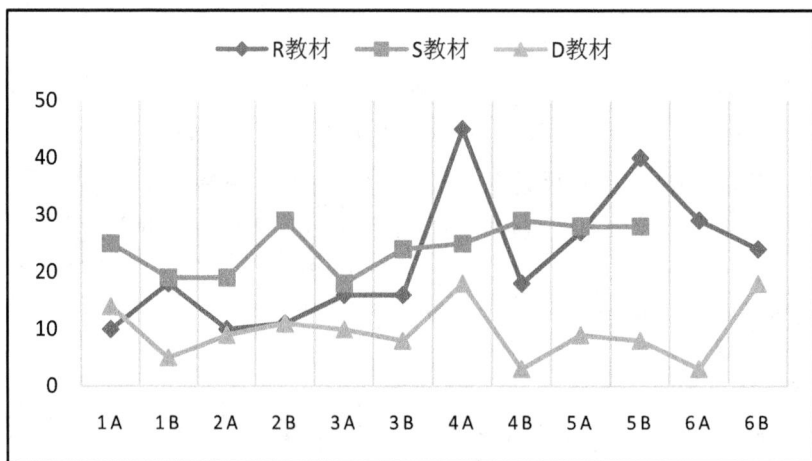

图 1.　价值观内容在 3 套教材各年级分册的分布情况

注：数字代表年级，A 代表第一学期，B 代表第二学期，1A 代表一年级第一学期，以此类推。

4.3 价值观内容的融入策略

4.3.1 主题语境

图 2 呈现了 3 套教材中涉及价值观融入的板块所对应的单元主题语境。我们可以看到，3 套教材中融合价值观教育的主要是"人与自我"和"人与社会"两大主题，涉及"人与自然"主题的单元承载的价值观教育内容相对较少。这一问题与 3 类主题在整套教材中的分布率有一定关系，更重要的原因是教材编写者对"人与自然"相关主题的育人价值挖掘不够深入。根据《义务教育英语课程标准（2022 年版）》的精神，在英语课程的主题、语篇、语言知识、文化知识、语言技能和学习策略这 6 要素中，主题起到统领其他各要素的关键作用，为语言学习和学科育人创设语境范围（中华人民共和国教育部 2022），也是与价值观融入关系最为密切的要素。因此，教材编写者应充分挖掘单元主题意义的育人价值。

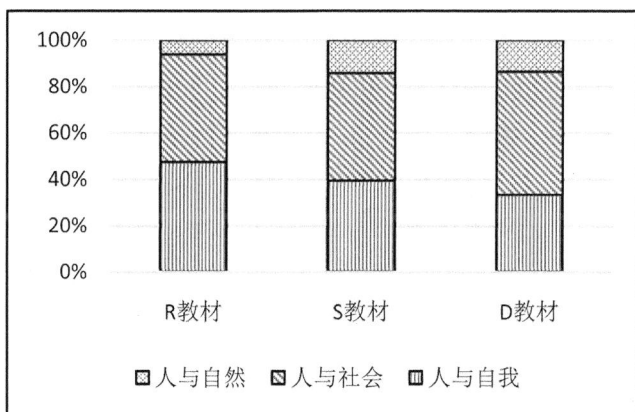

图 2. 融入价值观的板块所对应的主题语境

4.3.2 内容设计

表 4 呈现了 3 套教材中体现价值观教育的内容设计方式。不难看出，3 套教材都采用了图文结合的形式融合价值观培育要素，仅有极少数板块采用纯文本或纯图片的设计。这一结果进一步印证了 Chen（2010）和 Widodo（2018）的研究发现，语言资源和非语言的多模态资源共同构建教材中的价值观意义。根据双重编码理论（Paivio 1990），人类大脑拥有两个处理和储存信息的认知系统：语言系统和非语言系统。这两套系统功能上相互独立，分别负责语言或非语言信息的处理和表达；这两套系统也互相联系，一套系统内活动会启动另一套系统的活动。基于这一理论，教材中图文并茂的设计有利于丰富价值观培育的认知渠道，实现深度学习的目标。因此，3 套教材通过图文配合的方式进

行价值观培育，这一点十分可取，值得教材编写者继承和发展。

表 4.　融入价值观的教材板块的内容设计

设计 教材	价值培育板块总数	文本+图片	文本	图片
R教材	211	199	12	0
S教材	218	212	1	5
D教材	96	94	2	0

4.3.3　融入过程

　　表 5 呈现了 3 套教材中融合价值观培育的板块设计是否涵盖了涉及价值观形成的全过程，即"情景导入—态度判断—行为发生"这 3 个阶段。可以看到，3 套教材的编写者都注重价值观的全过程培养，几乎所有板块的设计都能看到价值形成过程的完整链条。其中值得一提的是，在态度判断阶段，3 套教材几乎都采用了隐性价值判断的设计，例如，通过图片中人物欣喜的表情、肢体语言等体现出某个交际场景中的人物的价值取向和价值判断，而不是通过讲道理显性地表达价值判断。在这一点上，3 套教材的处理都比较成功。

　　虽然"润物细无声"的价值观培育方式非常值得提倡，但是教材作为课程育人的重要媒介，理应有明确的态度、价值和立场。事实上，近年来不少非英语国家的小学英语教材中除了"盐溶于水"的隐性价值浸润之外，也会通过设置专门的 Values 板块、价值观提示、语篇中的显性表达等方式融合价值观培育内容（如 Herrera & Pinkley 2009；Mitchell & Malkogianni 2018）。本研究中分析的 3 套教材在价值观的显性呈现上还有提升的空间，对教材编写者来说，需要综合运用显性和隐性的价值观融入策略，特别是需要根据不同年龄段学生的认知和心理特点采用适切的价值观融入策略，从而保障课程育人的效果。

表 5.　3 套教材中价值观的融入过程

过程 教材	价值培育板块 总数	情景导入	显性态度判断	隐性态度判断	行为发生
R教材	211	211	0	211	211
S教材	218	217	14	208	215
D教材	96	96	0	96	96

4.3.4　教育方式

　　图 3 展示了 3 套教材在价值观教育方式上的区别。从中可以看到 3 套教材

均非常重视价值观教育中的正面引导，负面警示或者融合正面引导和负面警示的价值观教育方式出现的频率明显较低。这一结果与 Feng（2019）对中国香港小学英语教材的研究发现有相似之处，说明偏重正面引导的策略在教材开发中得到了较为普遍的运用。从儿童道德发展的规律来看（Kohlberg 1981；Lapsley 2005），在约 5 岁前，儿童处于前习俗水平阶段，会出现天真的利己、规避惩罚等特征；在 5—10 岁左右，儿童发展到习俗水平阶段，会逐渐理解和认同社会规范。小学阶段大致处于习俗水平，是儿童社会化道德发展的关键时期。因此，可以在小学低年段的教材中适当安排以负面警示呈现的价值观教育内容，到高年段逐渐减少负面警示的内容比例，更多采用正面引导的方式。从这个原则来看，本研究中分析的 3 套教材均未体现这一规律，甚至出现了高年级的负面警示内容多于低年级的情况。教材编写要尊重科学规律，用处于特定发展阶段儿童受用的方式来融合德育点，才能达到直抵人心的效果，教材开发者和评审者应当重视这一点。

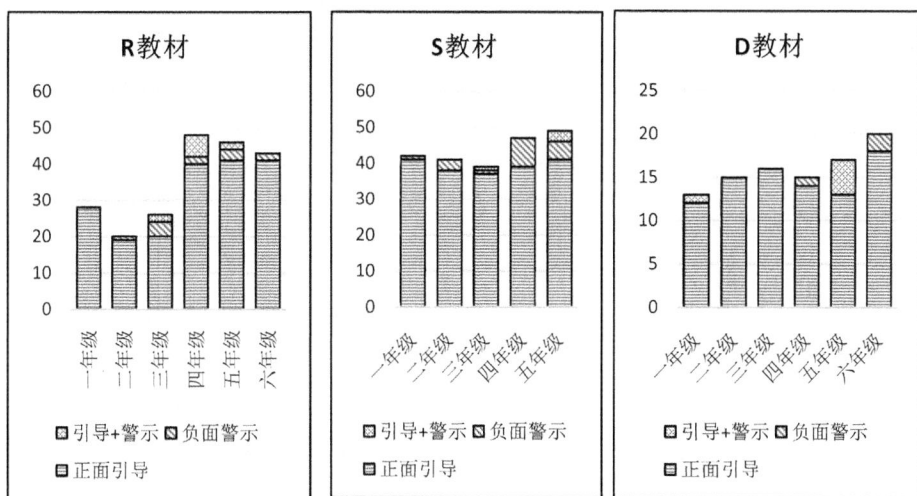

图3.　3 套教材中价值观教育方式

5. 研究启示

本研究发现，3 套教材均注重对善待他人、勤学好问、自强自立等价值观内容的培育，具有积极的育人导向；综合运用文本和多模态资源建构价值观培育点；擅长运用"润物细无声"的隐性培育策略；重视价值观的正面引导。这些都值得教材编写者继承和借鉴。同时，本文也发现，3 套教材均存在价值观内容分布不均衡、进阶不规律的问题，也存在对"人与自然"主题的育人价值挖掘不够、显性策略运用不足、负面警示策略安排不够合理的问题。今后的教材编写者应当对这些问题引起重视，力求精益求精。

研究结果表明，在英语教材中有机融入社会主义核心价值观，落实立德树人的教育目标，是一项十分艰巨而复杂的任务。英语教材建设需要综合运用教育学、心理学、外语教育学等多学科的理论研究成果，遵循英语教材编写的实践规律，并充分考虑社会、学校、教师、家庭等多层次外部因素和学习者认知、心理特点等内部因素对教材使用效果的影响。应注重对教材编写人员、审核人员和教师的课程思政素养培养，避免教材开发和教学实践中的"两张皮"现象。在价值观融合路径上，应注重运用虚拟现实、增强现实等技术手段，以青少年喜闻乐见的方式渗透思政教育。

6. 结语

本文通过对国家教材、地方教材和国际教材进行对比内容分析，评析 3 套教材在价值观内容呈现、内容分布和融合方式上的优势和不足。本研究提出的教材内容分析框架涵盖价值观内容维度的 9 个方面和培育方式维度的 4 个方面，具有较强的可操作性和可复制性，能够进行全套教材的多维度分析，突破了以往研究中只分析文本资源而忽略多模态资源的不足。值得注意的是，由于这套框架中的价值观内容主要以《中小学生守则（2015 年修订）》为依据，该分析框架并不适用于分析大学英语教材。因此，有必要根据大学英语教材和教学的特点研制与之相适应的教材价值观融入分析框架，并统筹基础教育和高等教育两套分析框架间的兼容和进阶。

同时，本研究也发现，指向立德树人教育目标的教材研究亟需政策的上位指引和本土化研究的学理支撑。例如，社会主义核心价值观在英语教材中应具化为哪些内容，中国学生的道德发展阶段是否完全符合科尔伯格道德发展阶段理论的描述，图片等视觉资源是否作用于学生价值观形成和发展的机制等，这些对教材开发和评估研究具有重要指导意义。

参考文献

Chen, Y. 2010. The semiotic construal of attitudinal curriculum goals: Evidence from EFL textbooks in China [J]. *Linguistics and Education* 21: 60-74.

Cunningsworth, A. 1995. *Choosing Your Coursebook* [M]. Oxford: Macmillan Education.

Feng, D. W. 2019. Infusing moral education into English language teaching: An ontogenetic analysis of social values in EFL textbooks in Hong Kong [J]. *Discourse: Studies in the Cultural Politics of Education* 40: 458-473.

Herrera M. & D. Pinkley. 2009. *Backpack* (2nd Ed.) [M]. New York: Pearson Longman.

Kohlberg, L. 1981. *The Philosophy of Moral Development: Moral Stages and the Idea of Justice (Essays on Moral Development)* [C]. San Francisco: Harper & Row.

Lapsley, D. K. 2005. Moral stage theory [A]. In M. Killen & J. G. Smetana (eds.). *Handbook of Moral Development* [C]. Mahwah, NJ: Lawrence Erlbaum. 37-66.

Ma A. 2012. A study of the shaping of the 'emotion and attitude' domain in the new English language curriculum of China through an EFL textbook [J]. *Pedagogy, Culture & Society* 20: 231-250.

McDonough, J., C. Shaw & H. Masuhara. 2013. *Materials and Methods in ELT: A Teacher's Guide* (3rd Ed.) [M]. Oxford: Wiley-Blackwell.

Mitchell, H. Q. & M. Malkogianni. 2018. *Get Smart* [M]. New York: MM Publications.

Paivio, A. 1990. *Mental Representations: A Dual Coding Approach* [M]. New York: Oxford University Press.

Pennycook, A. 2017. *The Cultural Politics of English as an International Language* [M]. London: Longman.

Unsriana L. & R. Ningrum. 2018. The character formation of children in Japan: A study of Japanese children textbook on moral education (Doutoku) [J]. *Lingua Cultura* 12: 363-367.

Van Canh, L. V. 2018. A critical analysis of moral values in Vietnam-produced EFL textbooks for upper secondary schools [A]. In H. P. Widodo, M. R. Perfecto, L. Van Canh & A. Buripakdi (eds.). *Situating Moral and Cultural Values in ELT Materials* [C]. Cham: Springer. 111-129.

Widodo, H. P. 2018. A critical micro-semiotic analysis of values depicted in the Indonesian Ministry of National Education-endorsed secondary school English textbook [A]. In H. P. Widodo, M. R. Perfecto, L. Van Canh & A. Buripakdi. (eds.). *Situating Moral and Cultural Values in ELT Materials* [C]. Cham: Springer. 131-152.

Widodo, H. P., M. R. Perfecto, L. Van Canh & A. Buripakdi. 2018. Incorporating cultural and moral values into ELT Materials in the context of Southeast Asia (SEA) [A]. In H. P. Widodo, M. R. Perfecto, L. Van Canh & A. Buripakdi (eds.). *Situating Moral and Cultural Values in ELT Materials* [C]. Cham: Springer. 1-14.

李秋娜，2021，我国高中英语教材价值观建构的多维研究（1978-2019）[D]。硕士学位论文。广州：广东外语外贸大学。

李真，2017，人教版高中英语教材的文化价值观研究——基于克氏文化价值取向模式 [D]。硕士学位论文。西安：陕西师范大学。

谢赛、范晓莹、卢冰莹，2021，人教版高中英语教材中的价值观分析及启示 [J]，《湖州师范学院学报》（6）：86-94。

谢赛、冼雨婷，2021，人教版小学英语教材中的价值观研究 [J]，《现代中小学教育》（4）：25-29。

中华人民共和国教育部，2015，教育部关于印发《中小学生守则（2015年修订）》的通知 [OL]，http://www.moe.gov.cn/srcsite/A06/s3325/201508/t20150827_203482.html（2022年5月8日读取）。

中华人民共和国教育部，2022，教育部关于印发义务教育课程方案和课程标准（2022年版）的通知 [OL]，http://www.gov.cn/zhengce/zhengceku/2022-04/21/content_5686535.htm（2022年5月8日读取）。

通信地址：200433 上海市杨浦区邯郸路220号复旦大学外文楼

作者简介：朱彦，复旦大学外国语言文学学院副教授，研究方向为外语教育学。

　　　　　Email: yan_zhu@fudan.edu.cn

中国大学非英语专业学生视觉词汇和听觉词汇正确性与自动性能力研究*

仲恺农业工程学院　　**武　卫**

提要：本研究测量了中国大学非英语专业学生在视觉词汇和听觉词汇方面的正确性和自动性能力。研究关注词汇频次分为 2000、3000 和 5000 三个级别，并探讨了词频和英语水平对学生两种能力的影响。实验结果显示以下主要发现：（1）随着词频和英语水平的提高，学生的准确性和自动性能力也相应增强；（2）相对于正确性能力，学生的自动性能力较为滞后；（3）学生在视觉词汇方面的正确性和自动性能力优于其在听觉词汇的正确性和自动性能力。本研究的教学启示在于，教师应致力于扩大学习者的词汇量，同时培养学习者的词汇自动性能力，实现学习者视觉词汇和听觉词汇的均衡发展。

关键词：正确性能力；自动性能力；视觉词汇；听觉词汇

DOI:10.20054/j.cnki.sllr.2024.18.003

1. 引言

对二语知识或能力的测量不仅包括正确性（accuracy），也包括自动性（automaticity）（Hui & Godfroid 2021）。正确性是二语能力的基本组成部分和最基本要求（Jiang 2012）。学习者是否能够正确运用语言是二语研究所关注的核心问题，通常也是衡量他们是否掌握语言知识的重要标准，因为掌握意味着能够以正确的形式使用语言。自动性是二语能力的另一个组成部分，它源

---

　* 本文系广东省高等学校教学管理学会 2021 年度课程思政建设项目"岭南文化英语导读"（项目编号：X-KCSZ2021124）与仲恺农业工程学院 2022 年校级本科教学质量与教学改革工程项目"岭南文化传承与外宣"（项目编号：ZKZLGC2022001）的阶段性研究成果。

自心理学中的自动性概念，是评估技能掌握水平的一个指标。19世纪的心理学家詹姆斯（William James）、贾斯特罗（Joseph Jastrow）和冯特（Wilhelm Wundt）是最早研究自动性的学者（Moors & De Houwer 2006）。自动性指的是无需或仅需最少注意力加工的状态，具有无意识、高速、强制性和不费力等特征（高霄、陈梦 2011）。自动性理论认为，当学习者处于自动控制语言阶段时，就可以将更多注意力集中在交际上，即集中在理解和反映信息内容上。

在二语词汇习得研究领域，研究者不仅要评估学习者词汇广度和词汇深度知识（通常以正确率为指标），而且要评估词汇识别和词汇提取的速度和效率（自动性能力），同时他们还需要检验学习者这两个方面是否同步发展，以确定在不同阶段应该侧重的教学内容，以促进两种能力的协同发展。此外，研究者还需要考虑不同因素对两种能力的影响，如词汇频率和学习者英语水平等。因此，本研究的目的在于通过测量中国非英语专业大学生视觉词汇和听觉词汇的正确性和自动性能力，更深入地了解中国二语学习者的词汇水平，并为二语词汇教学提供启示。

2. 文献综述

近年来，二语词汇习得研究者测量了二语词汇能力的正确性和自动性（如 Harrington 2006；Laufer & Nation 2001；Zhang & Lu 2014）。然而，这些测量方法存在不足之处。首先是局限于通过反应时（reaction time，RT）来展现词汇的自动性能力。Segalowitz & Segalowitz（1993）认为加速（speed-up）和自动性是不同的：加速是认知系统对于任务的处理变得更加高效和快速，通过反应时来展现；而自动性则强调对任务的高度熟练掌握，使得执行过程变得无意识化，是质的变化，通过反应时 RT 及其变异系数 CVRT（coefficient of variation），即标准差 SDRT 与平均反应时 RT 的比值，来共同展现。较短的反应时和较低的变异系数表明自动性能力较强。

其次，研究仅限于视觉通道的词汇能力，忽略了听觉通道的词汇能力。脑机制的研究表明，视觉刺激和听觉刺激会选择不同的感知通路进入大脑，并由不同的区域进行加工，因此语言知觉具有明显的通道特异性（丁国盛 2006）。视觉词汇，又称阅读词汇，是通过词形表征的正字法，实现其意义的传达，并影响阅读理解；听觉词汇是在听的过程中通过单词的语音和意义发挥作用并影响听力理解的词汇（于翠红 2013）。词汇感知方式对学习者的词汇信息提取速度和准确性具有重要影响（Field 2003；Leeser 2004）。词汇能力包括视觉和听觉两种形式与意义的连接（Alharbi 2015），因此，通过词形和语音刺激从心理词汇中有效提取词汇的正确性和自动性是同等重要的研究。

本研究将通过听觉通道和视觉通道，结合反应时和变异系数指标来测量受试者的英语词汇正确性和自动性能力。此外，研究还考虑词频和英语水平这两个因素，因为几乎所有二语习得研究都强调频率和重复练习的重要性（Segalowitz & Hulstijn 2005）。而在二语词汇习得研究中，研究者通常会考虑学习者的语言水平，以便更好地理解和解释他们在词汇习得方面的表现和进展（周卫京 2007）。

3. 研究方法

3.1 研究问题

本研究以中国非英语专业大学生作为研究对象，探讨视觉词汇和听觉词汇的正确性和自动性能力水平和影响因素，提出如下研究问题：

（1）词频和英语水平因素如何影响视觉词汇和听觉词汇的正确性和自动性能力？

（2）在视觉词汇与听觉词汇方面，正确性和自动性能力之间是否呈现均衡的发展？

（3）在正确性能力和自动性能力方面，视觉词汇与听觉词汇之间是否存在差异？

3.2 研究设计

采用 3*3*2 混合设计，有两个组内自变量：通道（视觉和听觉）和词频（2000、3000 和 5000 三个词频水平）；一个组间自变量：英语水平（高、中和低）。因变量包括受试者词汇测量的正确率（Acc）、反应时（RT）和变异系数（CVRT）。使用三因素方差进行统计分析，使用 E-Prime 软件编写程序，受试在心理实验室完成测量。

3.3 测试工具和测试词

本研究采用了 Nation（1993）设计的句子判断任务（Sentence Decision Task），其中包括视觉通道和听觉通道两个任务。为确保测试的信度，依据以下原则设计测试句：所有句子均采用朗文、牛津和科林斯等权威字典中的例句；语境词的频率高于测试词；每个句子的长度不超过 15 个词，以减轻短期记忆负担；句子涉及的内容属于生活常识领域；正确句和错误句各占一半。例如："A stream is a small river"（正确），"You can stop time"（错误）。

测试词选自 Laufer & Nation（2001）和 Nation（1990）的 3 个频率水平：2000（2K）、3000（3K）和 5000（5K）词。在每个任务中，每个频率水平选

择 18 个单词，总共 54 个词汇，嵌入到 54 个测试句子中。两个实验任务使用的目标词汇互不相同。

3.4 受试者

从国内重点本科、普通本科、高职院校非英语专业一年级各选取一个班作为受试（41 名女生，57 名男生）。单因素方差分析显示，3 个非英语专业班级的受试高考成绩存在显著性差异（$F=120.17$，$p<0.001$；Bonferroni 多重比较显示各班成绩之间有显著性差异），这 3 个班级分别代表了高、中和低 3 个不同水平的英语能力。

3.5 实验步骤

在经过实验培训之后，实验正式开始。屏幕上呈现出一个红色的聚焦点，持续时间为 1000 毫秒，预示即将呈现刺激句。随后，以文字或音频形式呈现刺激句，以展示视觉词汇或听觉词汇。受试根据判断按下相应的正确键或错误键（F 键或 J 键）。E-Prime 会记录下受试的反应时。若未按键作答，目标句将在 30000 毫秒后消失。紧接着，屏幕上再次显示聚焦点，然后进入下一轮刺激句的呈现。刺激句的呈现顺序是以随机方式排列的。视觉和听觉两个实验任务持续时间各约为 30 分钟。

4. 研究结果

4.1 词频和英语水平对正确性和自动性能力的影响

4.1.1 对正确性的影响

根据表 1 的结果，不同词频水平下的正确率存在差异。在视觉任务中，低频词汇（2000）的平均正确率为 0.62，中频词汇（3000）为 0.56，高频词汇（5000）为 0.49。在听觉任务中，低频词汇的平均正确率为 0.51，中频词汇为 0.45，高频词汇为 0.35。根据英语水平的分析，高水平受试的平均正确率高于低水平受试。在视觉任务中，低水平的平均正确率为 0.40，中等水平为 0.56，高水平为 0.71。在听觉任务中，低水平的平均正确率为 0.32，中等水平为 0.42，高水平为 0.57。

三因素方差分析的统计表明词频（$F=50.259$，$p<0.001$）和英语水平（$F=193.759$，$p<0.001$）都显示出主效应，即它们对正确率有显著影响。此外，词频和英语水平两个因素之间不存在交互作用（$F=2.098$，$p>0.05$），即它们对正确率的影响是独立的。

进一步进行 Scheffé 多重检验，结果显示，不同词频之间的正确率存在显著差异（见表 2，$p<0.001$），不同英语水平之间的正确率存在显著差异（见表 3，$p<0.001$）。因此，词汇正确率，包括视觉任务和听觉任务中的正确率，随着词频和英语水平的变化而不同。即随着词频和英语水平的提高，学生的正确性也相应提高。

表 1.　受试在测量中的描写数据

| | | 平均值 | | | | | 标准差 | | | | |
| | | 正确率 | | 反应时（ms） | | 变异系数 | | 正确率 | | 反应时（ms） | | 变异系数 | |
		视	听	视	听	视	听	视	听	视	听	视	听
词频	2000	0.62	0.51	4472	4919	0.29	0.31	0.21	0.21	1290	1112	0.11	0.12
	3000	0.56	0.45	4987	5448	0.32	0.37	0.19	0.18	1375	1245	0.14	0.16
	5000	0.49	0.35	5563	5745	0.39	0.42	0.16	0.15	1280	1362	0.17	0.19
	平均	0.57	0.45	4943	5286	0.34	0.37	0.20	0.20	1388	1286	0.15	0.16
水平	低	0.40	0.32	5828	6264	0.40	0.43	0.19	0.17	1241	1150	0.19	0.23
	中	0.56	0.42	4969	5502	0.35	0.37	0.13	0.17	1033	757	0.11	0.12
	高	0.71	0.57	4224	4344	0.26	0.31	0.13	0.15	1049	1340	0.10	0.11
	平均	0.57	0.45	4943	5286	0.33	0.37	0.20	0.20	1388	1286	0.15	0.16

注："视"代表视觉通道；"听"代表听觉通道；ms 代表毫秒。

表 2.　不同词频正确率、反应时和变异系数的 Scheffé 多重比较

| （I）组别 | （J）组别 | 均差（I-J） | | | 显著性 | | |
		正确率	反应时	变异	正确率	反应时	变异
2k	3k	0.06(**)	−519.6983 (*)	−0.05	0.000	0.000	0.002
2k	5k	0.15(**)	−967.5197 (**)	−0.11	0.000	0.000	0.000
3k	5k	0.09(**)	−447.8214 (**)	−0.06	0.000	0.000	0.000

注：** 代表 0.001 显著水平；* 代表 0.05 显著水平。

表 3.　不同英语水平正确率、反应时和变异系数的 Scheffé 的多重比较

| （I）组别 | （J）组别 | 均差（I-J） | | | 显著性 | | |
		正确率	反应时	变异	正确率	反应时	变异
低	中	−0.13(**)	810.5297 (**)	0.06	0.000	0.000	0.000
低	高	−0.28(**)	1761.7201 (**)	0.13	0.000	0.000	0.000
中	高	−0.15(**)	951.1903 (**)	0.07	0.000	0.000	0.000

注：** 代表 0.001 显著水平。

4.1.2 对自动性的影响

根据表 1 的结果，不同词频水平下的反应时（RT）存在差异。在视觉任务中，低频词汇（2000）的平均反应时为 4472ms，中频词汇（3000）为 4987ms，高频词汇（5000）为 5563ms。在听觉任务中，低频词汇的平均反应时为 4919ms，中频词汇为 5448ms，高频词汇为 5745ms。根据英语水平的分析，高水平受试的平均反应时低于低水平受试者。在视觉任务中，低水平的平均反应时为 5828ms，中等水平为 4969ms，高水平为 4224ms。在听觉任务中，低水平的平均反应时为 6264ms，中等水平为 5502ms，高水平为 4344ms。

三因素方差分析结果表明词频（$F=40.789$，$p<0.001$）和英语水平（$F=193.759$，$p<0.001$）都显示出主效应，即它们对反应时有显著影响。然而，词频和英语水平之间不存在交互作用（$F=2.098$，$p>0.05$），即它们对反应时的影响是独立的。

进一步进行 Scheffé 多重检验，结果显示不同词频之间的反应时存在显著差异（见表 2，p 值均为 0.000），以及不同英语水平之间的反应时存在显著差异（见表 3，$p<0.001$）。因此，词汇识别的反应时，包括视觉任务和听觉任务中的反应时，随着词频和英语水平的变化而不同。

根据表 1 的结果，不同词频水平下的变异系数存在差异。在视觉任务中，低频词汇（2000）的平均变异系数为 0.40，中频词汇（3000）为 0.43，高频词汇（5000）为 0.48。在听觉任务中，低频词汇的平均变异系数为 0.43，中频词汇为 0.47，高频词汇为 0.51。根据英语水平的分析，高水平受试的平均变异系数低于低水平受试。在视觉任务中，低水平的平均变异系数为 0.40，中等水平为 0.35，高水平为 0.26。在听觉任务中，低水平的平均变异系数为 0.43，中等水平为 0.37，高水平为 0.31。

三因素方差分析显示词频（$F=28.914$，$p<0.001$）和英语水平（$F=47.252$，$p<0.001$）都显示出主效应，即它们对变异系数有显著影响。然而，词频和英语水平之间不存在交互作用（$F=2.109$，$p>0.05$），即它们对变异系数的影响是独立的。

进一步进行 Scheffé 多重检验，结果显示不同词频之间的变异系数存在显著差异（见表 2，$p<0.001$），以及不同英语水平之间的变异系数存在显著差异（见表 3，$p<0.001$）。因此，词汇的变异系数，包括视觉任务和听觉任务中的变异系数，随着词频和英语水平的变化而不同。

综上所述，视觉词汇和听觉词汇的反应时和变异系数，随着词频和英语水平的变化而变化，即随着词频和英语水平的提高，学生的自动化能力也相应增强。

4.2　正确性能力和自动性能力之间是否呈现均衡的发展

为对比受试本身的正确性和自动性能力，我们比较了受试测量的正确率与理论满分正确率。同时，比较受试测量的自动性数据（反应时＋变异系数）与理论完美自动性数据，以观察受试在哪方面的差距更大，从而判断受试的哪种能力发展得更好。

对于正确率而言，在视觉任务中，受试在 3 个频率词（2000、3000 和 5000）上的平均正确率分别为 0.62、0.56 和 0.49；在听觉任务中分别为 0.51、0.45 和 0.35。这意味着学习者在 3 个频率词上的正确率与理论满分 1.00 之间的差距分别为：视觉任务中为 0.38 倍、0.44 倍和 0.51 倍；听觉任务中为 0.49 倍、0.55 倍和 0.65 倍。

对于反应时而言，在视觉任务中，学习者 3 个频率词的反应时分别为 4472ms、4987ms 和 5563ms；在听觉任务中分别为 4919ms、5448ms 和 5745ms。与理论上的完美反应时 160ms（Hauk $et\ al.$ 2012）相比，在视觉任务中的差距分别为 37 倍、42 倍和 46 倍；在听觉任务中分别为 41 倍、45 倍和 48 倍。

就变异系数而言，在视觉任务中，受试在 3 个频率上的平均变异系数分别为 0.29、0.32 和 0.39；在听觉任务中分别为 0.31、0.37 和 0.42。与理论上的完美系数 0.005（Li $et\ al.$ 2016）相比，在视觉任务中的差距分别为 58 倍、64 倍和 78 倍；在听觉任务中分别为 62 倍、74 倍和 84 倍。

以上统计数据表明，在两个任务中，受试的正确率与理论满分之间的差距要远小于受试自动性数据（反应时＋变异系数）与理论完美自动性数据的差距。这说明受试在词汇的正确性能力方面相对较强，而在词汇的自动性能力方面相对滞后。

4.3　视觉词汇和听觉词汇是否存在差异

本研究对视觉词汇任务和听觉词汇任务的正确性能力和自动性能力进行了比较。

表 1 的正确率统计表明，视觉任务的平均正确率较高（0.57），而听觉任务的平均正确率较低（0.45）。此外，正确率的三因素方差分析（见表 2）显示通道对正确率有显著影响（$F=102.105$，$p<0.001$）。因此，视觉通道任务的平均正确率显著优于听觉通道任务，即视觉词汇的正确率显著优于听觉词汇。

关于反应时，描述统计数据（见表 1）显示视觉任务的平均反应时较低（4943ms），而听觉任务的平均反应时较高（5286ms）。此外，反应时的三因素方差分析显示通道对反应时有显著影响（$F=17.534$，$p<0.001$）。因此，视觉通

道任务的平均反应时显著低于听觉通道任务，即视觉词汇的反应时显著低于听觉词汇。

在变异系数方面，表1显示视觉通道任务的平均变异系数较低（0.33），而听觉通道任务的平均变异系数较高（0.37）。此外，变异系数的三因素方差分析显示通道对变异系数有显著影响（F=8.319，$p<0.05$）。因此视觉通道任务的平均变异系数显著低于听觉通道任务，即视觉词汇的变异系数显著低于听觉词汇。

综上所述，统计数据表明，在正确性能力和自动性能力方面，视觉词汇优于听觉词汇。

5. 讨论

本研究发现：（1）中国非英语专业学生的视觉词汇和听觉词汇的正确性能力和自动性能力会随着词频和英语水平的变化而变化，即词频和英语水平是影响学习者词汇能力的重要因素；（2）在视觉词汇与听觉词汇方面，中国非英语专业学生的词汇自动性能力滞后于词汇正确性能力。这表明学习者在词汇的准确性方面取得了一定的进展，但在自动地、无意识地使用词汇方面需要同步发展；（3）在正确性能力和自动性能力方面，中国非英语专业学生的视觉词汇均高于听觉词汇，这表明视觉刺激比听觉刺激对学习者词汇识别的效率作用更大；学习者的词汇的字形知识多于音形知识。

5.1　词频和英语水平的影响

学习者的视觉词汇、听觉词汇的正确性能力和自动性能力都随着词频的变化而产生差异，说明词频对词汇习得和词汇识别及提取有着重要作用。二语词汇习得是一个持续而渐进、循环往复的认知加工过程。通过在不同语境中多次接触和加工词汇，学习者能逐渐提升自身的词汇水平。刚开始接触时，学习者可能只对词的形态有初步的了解，随后逐渐记住了拼写、发音和意义，然后掌握了相关联想和搭配等知识。同时，学习者在识别和提取词汇方面的速度和效率，即自动性能力也在不断地发展和提高。

学习者的词汇正确性能力和自动性能力随着英语水平的不同而呈现差异，学习者的英语水平与词汇量和词汇加工速度呈正相关。高水平学习者与低水平学习者在态度、动机、努力、意志力以及学习行为等方面存在显著差异（Ellis 1994），这些因素的不同水平可以促进或阻碍学习者的二语词汇学习。此外，高水平学习者通常有更多、更丰富的语言输入，在不同的语境中接触和学习新词汇，更容易在新词汇的学习过程中建立联系和关联。他们通常能够更准确地识别自己的错误，接受反馈并及时修正，不断改进自己的词汇学习方法和技巧。Zeng *et al.*（2019）发现语言水平对二语词形复杂词汇处理机制有重要影响。高水平的学习者在整词记忆和词汇加工效率方面明显优于低水平学习者，而且更擅长将单词组合成短语和句子，以更高水平的语言处理方式构建含义。

5.2　自动性能力滞后于正确性

Skehan（1998）认为，正确性是语言习得中的一个重要方面，特别是在语言学习的早期阶段，但过于强调正确性可能导致学习者难以自由流畅地使用语言。Laufer & Nation（2001）则认为，词汇正确性和自动性能力的不同步发展，是因为学习者在二语学习中更容易记住词汇的正确用法，但快速高效地识别和提取词汇则需要花费更长的时间。另外，二语学习缺乏有创造性的语言练习和交流环境，因而自动性能力的发展会相对滞后。

外语教育者应该关注准确性和自动性的双重发展，帮助学习者在不牺牲正确性的前提下实现自动性和高效率语言交际。为提高二语学习者的词汇正确性和自动性水平，教师应该注重培养学习者在不同语境下学习词汇的能力，可以通过使用图片、视频和听力材料等来创造有语境和无语境的学习环境，帮助学习者从多个角度和感官通道获取并巩固词汇知识。同时，可以采用直接和间接的方式来学习词汇（Nation 1990）。直接学习包括通过词汇列表、闪卡和记忆技巧等方式有意识地学习新词汇；间接学习则强调通过大量的输入和语言输出活动来自然习得词汇，如阅读、听力理解和口语表达等。教师还可以培养学习者建立词汇网络、通过上下文猜词、使用词典等词汇学习策略（Alharbi 2015），加强词汇学习效果。此外，学习者在学习新单词之前应该定期回顾和练习已经学过的词汇，加强记忆，提高识别和提取的速度和准确性。教师应鼓励学习者使用自我测试和自我评估工具，帮助他们主动参与词汇复习和练习过程，促进词汇自动性能力的发展。

5.3　听觉词汇滞后于视觉词汇

本研究发现，学习者在听觉词汇的正确性能力上滞后于视觉词汇，这与Goh（2000）、Schmitt（2008）以及刘思（1995）等研究的结果一致。这表明，学习者对于一部分词汇在视觉通道下可以识别，但在听觉通道下无法辨识。此外，本研究还发现听觉词汇的自动性能力也滞后于视觉词汇的自动性能力，这说明听觉刺激和视觉刺激对词汇识别的效率产生不同的影响。

从心理认知的角度来看，相对于书面语言，口语的词汇单位没有清晰的标记，听者需要根据声音信息来推断词的边界，以理解其含义。这种不清晰性使得词汇的切分变得困难（Stæhr 2009）。词汇的声音识别还受到周围语言环境的影响，如同化、韵律模式和发音速度等（Joyce 2013）。因此，在连续的语音流中识别词汇或区分相似词汇变得困难。中国的英语学习者在课外接触英语的机会较少，普遍存在着重视觉、轻听觉的词汇认知倾向（于翠红 2013），这导致了学习者在意义理解方面存在困难。这可能是本研究中听觉词汇量和听觉自动性能力滞后于视觉词汇量和视觉自动性能力的一个原因。

此外，Morton 的词汇发生器模型（the logogen model）（Garman 1990）也可以解释这种听觉词汇速度和自动性能力的滞后现象。在该模型中，视觉和听觉发生器是相互独立的，各自独立运行。发生器通过匹配心理或语境信息进行激活，每次激活都会降低阈限。阈限越低，激活越快，词汇的识别速度就越快。中国英语学习者在词汇的听觉接触方面较少，听觉词汇发生器的激活次数较少于视觉词汇发生器，导致听觉辨认的阈限高于视觉辨认的阈限。因此，视觉词汇的熟悉度高于听觉词汇，听觉词汇的识别速度和自动性能力也会低于视觉词汇。

6. 结语

本研究对于理解非英语专业学生的词汇能力发展具有一定意义，为词汇习得和教学提供了启示。研究结果显示，学习者的词汇自动性能力和正确性能力发展不同步。这给外语教学提供了启示：不仅要扩大学习者的词汇量，也要提高他们的词汇运用自动性水平。同时，本研究还发现，听觉词汇的正确性能力和自动性能力均滞后于视觉词汇。听和读的理解基于相同的整体加工，即听和读的理解紧密相关（Diakidoy et al. 2005），为了增强学习者二语词汇的正确性和自动性能力，可以采用听读同步输入的方法进行词汇学习，以形成音形或音义映射（严玲、赵青 2013）。学习者还可以通过视觉和听觉的协同发展来提高词汇的正确性和自动性能力，即通过协调视觉和听觉两个不同资源的使用，实现共同的发展效果（于翠红 2013）。

参考文献

Alharbi, A. M. 2015. Building vocabulary for language learning: Approach for ESL learners to study new vocabulary [J]. *Journal of International Students* 5: 501-511.

Diakidoy, I.-A. N., P. Stylianou, C. Karefillidou & P. Papageorgiou. 2005. The relationship between listening and reading comprehension of different types of text at increasing grade levels [J]. *Reading Psychology* 26: 55-80.

Ellis, R. 1994. *The Study of Second Language* Acquisition [M]. Oxford: Oxford University Press.

Field, J. 2003. Promoting perception: Lexical segmentation in L2 listening [J]. *ELT Journal* 57: 325-334.

Garman, M. 1990. *Psycholinguistics* [M]. Cambridge: Cambridge University Press.

Goh, C. C. M. 2000. A cognitive perspective on language learners' listening comprehension problems [J]. *System* 28: 55-75.

Harrington, M. 2006. The lexical decision task as a measure of L2 lexical proficiency [J]. *EUROSLA Yearbook* 6: 147-168.

Hauk, O., C. Coutout, A. Holden & Y. Chen. 2012. The time-course of single-word reading: Evidence from fast behavioral and brain responses [J]. *NeuroImage* 60: 1462-1477.

Hui, B. & A. Godfroid. 2021. Testing the role of processing speed and automaticity in second language listening [J]. *Applied Psycholinguistics* 42: 1089-1115.

Jiang, N. 2012. Automaticity in a second language: Definition, importance, and assessment [J]. *Contemporary Foreign Language Studies* 12: 34-48.

Joyce, P. 2013. Word recognition processing efficiency as a component of second language listening [J]. *International Journal of Listening* 27: 13-24.

Laufer, B. & P. Nation. 2001. Passive vocabulary size and speed of meaning recognition: Are they related? [J]. *EUROSLA Yearbook* 1: 7-28.

Leeser, M. J. 2004. The effects of topic familiarity, mode, and pausing on second language learners' comprehension and focus on form [J]. *Studies in Second Language Acquisition* 26: 587-615.

Li, C., J. Zhao, Y. Shi & X. F. Hu. 2016. The impact of human activities on net primary productivity based on the coefficient of variation: A case study of the Shiyang River Basin [J]. *Acta Ecologica Sinica* 36: 4034-4044.

Moors, A. & J. De Houwer. 2006. Automaticity: A theoretical and conceptual analysis [J]. *Psychological Bulletin* 132: 297-326.

Nation, I. S. P. 1990. *Teaching and Learning Vocabulary* [M]. New York: Newbury House.

Naion, P. 1993. Measuring readiness for simplified material: A test of the first 1,000 words of English [A]. In M. L. Tickoo (ed.). *Simplification: Theory and Application* [C]. RELC Anthology Series 31:193-203.

Schmitt, N. 2008. Review article: Instructed second language vocabulary learning [J]. *Language Teaching Research* 12: 329-363.

Segalowitz, N. & J. Hulstijn. 2005. Automaticity in bilingualism and second language learning [A]. In J. F. Kroll & A. M. B. De Groot (eds.). *Handbook of Bilingualism: Psycholinguistic Approaches* [C]. New York: Oxford University Press: 371-388.

Segalowitz, N. S. & S. J. Segalowitz. 1993. Skilled performance, practice, and the differentiation of speed-up from automatization effects: Evidence from second language word recognition [J]. *Applied Psycholinguistics* 14: 369-385.

Skehan, P. 1998. *A Cognitive Approach to Language Learning* [M]. Oxford: Oxford University Press.

Stæhr, L. S. 2009. Vocabulary knowledge and advanced listening comprehension in English as a foreign language [J]. *Studies in Second Language Acquisition* 31: 577-607.

Zhang, X. & X. Lu. 2014. A longitudinal study of receptive vocabulary breadth knowledge growth and vocabulary fluency development [J]. *Applied Linguistics* 35: 283-304.

Zeng, T., B. Han, M. Zhai & Y. Mu. 2019. The effect of language proficiency on L2 English learners' processing of morphologically complex words: Evidence from masked transposed letter priming [J]. *Neuroscience Letters* 704: 84-88.

丁国盛，2006，中英双语者词汇表征与加工的脑机制研究 [D]。博士学位论文。北京：北京师范大学。

高霄、陈梦，2011，二语习得中自动性争议焦点研究 [J]，《河北大学学报（哲学社会科学版）》（3）：142-146。

刘思，1995，英语听力词汇量与阅读词汇量——词汇研究调查报告 [J]，《外语教学与研究》（1）：61-65。

严玲、赵青，2013，输入方式对听觉词汇和视觉词汇提取质量的影响 [J]，《江苏外语教学研究》（1）：30-33。

于翠红，2013，词汇视、听觉协同发展对中国英语学习者听力信息加工成效的作用 [J]，《现代外语》（4）：387-394。

周卫京，2007，《基于学习任务的二语词汇习得实证研究》 [M]。北京：对外经济贸易大学出版社。

通信地址：510230 广东省广州市海珠区滨江新城市花园花园街9号2603房

作者简介：武卫，仲恺农业工程学院教授，博士，研究方向为二语习得和心理语言学。

　　　　　Email：caleb67@163.com

基于英语词汇复杂度模型的二语学习者与英语母语者词汇复杂度对比研究[*]

山东大学外国语学院　董　帅　张明月　董记华

提要：词汇复杂度是衡量二语学习者写作水平发展的重要指标，本研究以 BAWE 语料库中母语者和非母语者写作为语料，运用 TAALES 词汇复杂度指标软件分析并构建了学习者写作词汇复杂度指标模型，并结合该模型分析了二语学习者与英语母语者写作过程中词汇复杂度特征的差异性。研究发现：（1）二语学习者在语言邻近性与联想强度、语义复杂度与多样性、多义性与语义关联度三个维度与英语母语者存在显著性差异；（2）相较于英语母语者，二语学习者写作存在抽象性词汇使用不足、多词词组使用搭配不足等缺点。研究发现可以为二语写作教学和课堂实践提供实证性数据支持，并为未来大规模英语写作自动评估提供借鉴和参考。

关键词：二语写作教学；词汇复杂度特征；二语学习者；语料库

DOI:10.20054/j.cnki.sllr.2024.18.004

1. 引言

自然语言处理技术的快速发展，为写作自动评估指标体系的构建提供了有力支持，并极大地改变了传统写作教学课堂的反馈模式（Fu *et al.* 2024）。但现有写作自动评估仍面临着评定指标信度和效度不足的困境（Henderson *et al.* 2018），难以大规模为学习者提供准确的个性化指导意见。因此，基于现有写作评价指标对二语写作进行分析，不仅可以提升自动作文评分的有效性和一致性，还可以为教学实践提供反馈与指导，为提高写作教学质量提供参考。

---

[*] 本文系山东省教改重点项目"基于数据驱动的英语写作数字平台创建及教学实践"（项目编号：Z2022151）的阶段性研究成果。

　　词汇作为二语写作的重要维度，在二语习得水平的实证性研究中已引起学者的广泛关注（Eguchi & Kyle 2020）。前期研究表明，词汇测评作为大规模语言测试的重要维度，能够有效区分不同学习者间写作水平的发展与变异（Shin & Gierl 2021）。学习者词汇可区分为接受性词汇和产出性词汇。产出性词汇指学习者在说、写等语言表达性行为中能够自主使用的词汇（Laufer 1998），是计量学习者词汇习得能力的有效途径（郑咏滟 2018）。现有研究多基于词汇多样性和词汇复杂度对学习者产出性词汇能力进行评估（王华 2021）。其中，词汇复杂度指词汇使用的多样化程度和成熟度（Read 1998），是衡量学习者二语词汇习得的关键因素（Wolfe-Quintero et al. 1998）。现有研究已证明，词汇复杂度能够有效测量学习者对词汇学习和使用的掌握程度（Kim et al. 2018；郑咏滟、冯予力 2017）。其中，Lu（2012）认为二语学习者的产出性词汇的复杂度是二语教学和研究中的重要构念，直接关系到学习者口语和书面语的沟通能力。因此，通过测量词汇复杂度，可以有效了解学习者词汇使用情况，评估学习者产出性词汇知识，从而进一步了解学习者二语写作水平（Díez-Ortega & Kyle 2024；Eckstein & Ferris 2018），为二语写作产出的评估方法和二语写作教学的课程设计提供借鉴和指导。

　　早期基于词汇复杂度的研究多关注文本写作中"高级"词汇的使用比例（Read 2000），重点关注词频分布（Lessard-Clouston 2010）、形符比（Daller et al. 2003）等指标在文本中的表现与二语写作水平的相关性。刘东虹（2003）通过探讨产出性词汇量与词汇运用对写作质量的影响，发现产出性词汇量与词汇丰富度存在相关性，并通过文本长度间接影响写作质量。基于汉语母语者写作产出，谭晓晨（2006）发现，二语水平与产出性词汇发展存在相关性，呈现出"三阶段"的非线性增长模式。然而，"高级"词汇的使用并不能全面地反映语言学习者的词汇学习水平（Adelman et al. 2006；Crossley et al. 2011）。Milton（2009）通过分析学习者词汇水平的多维度特征，进一步论证了完善词汇复杂度指标的必要性。基于这一结论，已有学者进一步挖掘并构建了基于二语写作产出的词汇复杂度指标体系（Kyle & Crossley 2017）。Kyle & Crossley（2015）通过整合词频、词汇长度、学术语言和心理语言学词汇等共 135 项词汇复杂度指标，探讨了词汇复杂度的概念及其在测量第二语言词汇和口语水平中的应用。Kelly et al.（2020）通过探索二语写作中语义和句法词汇的特征，发现词汇的间接、潜在关系均对二语学习者词汇网络构建和词汇复杂度提升具有影响。此外，Kyle & Crossley（2016）基于多体裁二语写作产出，探索了词汇复杂度对于英语写作水平的预测性。研究发现相较于词汇频率，词汇长度及双词频率对学习者写作水平具有较高预测作用。Zhang（2022）

探讨了二语学习者词汇使用对议论文与说明文写作水平的预测性，研究发现词汇复杂度相较于词汇丰富度更能有效预测两类文体写作水平的变异，且词汇复杂度指标对于议论文写作质量的预测优于说明文。然而，词汇频率和复杂度等指标未能深入探讨词汇本身的内在特性（李海、张淑静 2013）。因此，近期研究进一步将词汇近似词属性（Balota *et al.* 2007）、词汇上下义关系（Crossley *et al.* 2009）、词汇接触年龄（Kyle *et al.* 2018）、词汇心理属性（Salsbury *et al.* 2011）等指标纳入词汇复杂度的指标体系（Crossley *et al.* 2013；Díez-Ortega & Kyle 2024；Saito *et al.* 2016；王华 2021），极大地丰富了词汇复杂度研究范畴。

词汇复杂度的多维度属性同样已引起学者的广泛关注（Bulté & Housen 2012；Nation & Webb 2011）。Eguchi & Kyle（2020）基于大型口语语料库，构建了基于 10 个主因子的口语词汇复杂度指标模型。研究发现，该模型可以解释了 58% 的二语学习者口语水平发展变异。Eguchi & Kyle（2023）通过拟合多项词汇复杂度指标，形成了基于词汇复杂度的多维度模型，并发现该模型可以有效预测二语学习者的水平发展。Peng *et al.*（2023）则基于亚洲英语学习者国际语料库网络，通过 Coh-Metrix 在线软件中多项词汇复杂性指标进行了词汇复杂度模型构建。结果显示，词汇复杂性和词汇多样性可以有效模拟人工写作测评结果并有效弥补人工写作测评对于部分词汇复杂度指标的忽视。

现有研究已基于水平差异对学习者写作产出中词汇复杂度的特征进行了探索，但并未对语义共现指标的有效性和实用性进行充分验证（Monteiro *et al.* 2023）。因此，有必要进一步基于更为广泛的词汇复杂度指标对二语学习者写作产出进行多维度模型构建，以全面地反映二语学习者写作产出中的词汇复杂度特征。因此，本研究通过构建学习者写作词汇复杂度的多维度模型，探索英语母语者和二语学习者写作词汇复杂度的多维度特征差异，并以此对二语写作教学提出应对建议。具体而言，本研究拟回答以下研究问题：

（1）二语学习者和英语母语者在写作产出中，词汇复杂度特征在各维度上是否存在显著性差异？

（2）二语学习者和英语母语者在写作产出中，基于词汇复杂度的文本词汇特点有哪些类型？二者分布有无差异？

2. 研究设计

2.1　语料

本研究以英国学术书面英语语料库（British Academic Written English Corpus，后简称 BAWE）为语料来源。BAWE 语料库包括 2761 篇英国大学生

（包括英语母语者和二语学习者）的专业课写作文本（约 700 万词），学科涉及人文、社会科学、生命科学和物理科学共 35 个专业（Nesi & Gardner 2018），已有研究基于 BAWE 语料库探索了学生学术写作产出的文本特征（Dong *et al.* 2023a），因此该语料库具有一定的代表性和普遍性。本研究选取 BAWE 语料库作为研究对象的原因如下所示：（1）BAWE 语料库收集了英国高等教育阶段学生的学术写作，其中的学生包括英语母语者与二语学习者，能够为基于跨文化视角的词汇复杂度写作差异分析提供研究基础；（2）BAWE 语料库对学生写作产出的课程专业和文体进行了标注，减少了体裁或学科因素对语料的影响。基于研究问题，本研究选取了 BAWE 语料库中二语学习者和英语母语者的写作文本作为语料，通过对比分析来研究二者写作词汇复杂度差异。本研究语料筛选标准如下：（1）为减少学科和体裁对词汇特征使用的潜在影响，语料仅包括艺术与人文和社会科学两个学科领域，写作体裁为学生写作（essay）；（2）为减少写作水平对写作词汇使用的影响，研究仅选取本科三年级学生（level 3）和硕士研究生（level 4）的写作产出作为语料进行研究。最终研究语料共包含二语学习者和英语母语者写作各 60 篇，共 120 篇，总计 211,712 词（见表 1）。

表 1.　语料统计数据

	L1		L2		总计
	Level 3	Level 4	Level 3	Level 4	
文本数	30	30	30	30	120
形符	50,751	61,326	50,191	49,444	211,712
平均单词数	1692	2044	1673	1648	1764

2.2　词汇复杂度测量工具与指标

本研究使用 TAALES（Tool for the Automatic Analysis of Lexical Sophistication，后简称 TAALES）对语料进行词汇复杂度指标提取与分析（Kyle *et al.* 2018）。TAALES 软件可提供各维度 135 种词汇复杂度指标，并包括词汇频次（lexical frequency）、词汇长度（range）、词簇频次（N-gram frequency）、学术词汇频次（academic vocabulary）以及词汇心理属性（psycholinguistic word properties）等多个维度，能够有效涵盖现有词汇复杂度指标体系。基于 TAALES 软件，本研究选取词频、多词短语搭配强度、学术词表、词汇接触年龄、语境多样性、语义关系、词汇心理属性、近似词属性共 8 个维度（90 项词汇特征指标），并以美国当代英语语料库（COCA）学术语料子库为基准进行分析。

2.3　数据分析

为精确各指标对学生写作产出中词汇复杂度的影响，研究对 90 项词汇复杂度指标进行了基于皮尔逊相关系数的共线性分析，并以 *r*<0.90（Zhang & Cheung 2023）为阈值最终保留 50 项指标用以进一步进行指标模型构建。其次，研究基于剩余指标进行了主成分因子分析。结果显示，所确定指标的 KMO 检验结果值为 0.687，Bartlett 球形检验达到显著（*p*<0.01），因子合计可以解释总方差 62.54%（>50%）的变异，表明选取数据适合进行主成分因子分析。

研究共筛选出 7 个因子维度共 44 项具体指标（以因子负荷大于 0.4 为阈值，详见表 2）。基于维度包含指标定义，研究将维度一命名为"词汇特性与学术语言使用"，涉及词汇的选择和使用情况，包括对学术语境中特定专业词汇和术语使用的指标；维度二为"语言邻近性与联想强度"，涉及词汇之间的相互关联性和邻近性；维度三为"文本的语言结构复杂性"，涉及文本中多词短语的使用情况及其搭配强度；维度四命名为"学术词汇互动密度"，涉及学术文本中词汇之间交互作用的强度；维度五为"语义复杂度与多样性"，涉及文本中词汇的语义深度和多样性，如文本词汇词义的丰富性和变化性；维度六为"动词和名词的语义层次"，涉及动词和名词的语义层次，及其在句子中的语境相关性；维度七为"多义性与语义关联度"，涉及词汇的多义性以及词汇在语义上的关联性和互动性。

表 2.　学生写作词汇复杂度主成分因子分析结果

维度	因子	方差解释率%	旋转后方差累计解释率
维度一： 词汇特性与学术语言使用	基于MRC的所有词熟悉度、拼写近似词、AWL学术词表子列表3、基于MRC的功能词具体性、基于隐含狄利克雷分布的词汇接触年龄（逆平均）、AWL学术词表子列表6、多义动词、AWL学术词表、基于COCA学术词表的三词搭配中左双词与第三词的DP值（多词短语搭配强度）、AWL学术词表子列表4、AWL学术词表子列表2、自由联想刺激引发、自由联想类符词、基于McDonald的词汇共现可能性	14.63%	14.63%
维度二： 语言邻近性与联想强度	基于MRC的所有词具体性、音素近似词（包括同音异形异义词）、拼写近似词词频、语音近似词（包括同音异形异义词）、基于霍夫曼的语义独特性、名词和动词上下义关系（词义1，路径1）	10.42%	25.05%

（待续）

（续表）

维度	因子	方差解释率%	旋转后方差累计解释率
维度三：文本的语言结构复杂性	AFL学术词表学术词汇、AFL学术词表写作学术词汇、基于COCA学术词表的双词搭配强度的互信息值平方（独有搭配强度）、基于COCA学术词表的三词搭配的词汇到二词搭配的T值（高频词共现强度）、基于COCA学术词表的双词搭配T值（高频词共现强度）、基于COCA学术词表的双词搭配DP值（多词短语搭配强度）	9.12%	34.17%
维度四：学术词汇互动密度	基于COCA学术词表的所有词词频、基于COCA学术词表的三词搭配的词汇到二词搭配的互信息值（低频词共现强度）、基于MRC的功能词熟悉度、基于COCA学术词表的双词搭配的互信息值（低频词共现强度）、基于MRC的所有词意义联系度	7.86%	42.03
维度五：语义复杂度与多样性	基于COCA学术词表的所有词词频对数、基于COCA学术词表的实词词频对数、实词多义词、名词多义词、基于LSA的语境独特性（所有余弦值）、名词上下义关系（词义1，路径1）	7.70%	49.73%
维度六：动词和名词的语义层次	基于COCA学术词表的实词词频、动词上下义关系（词义1，路径1）、动词上下义关系（词义平均值，路径1）	6.68%	56.40%
维度七：多义性与语义关联度	副词多义词、形容词多义词、AWL学术词表子列表5、基于LSA的语境独特性（前三余弦值）	6.13%	62.54%

　　基于上述结果，研究对7个维度的词汇复杂度指标进行了正态分布（K-S）检验，结果显示，词汇复杂度指标在7个维度中的分布不符合正态分布特征。因此，研究对7个维度指标进行了Mann-Whine U非参数检验（以学生母语为因变量，文本在各维度得分为自变量），检验结果见表3。

表3.　词汇复杂度维度模型非参数检验分析

	language		MannWhitney检验统计量U值	MannWhitney检验统计量z值	p
	L1（n=60）	L2（n=60）			
维度一	63.60	63.53	1780	−0.11	0.92
维度二	52.60	53.33	1356	−2.33	0.02*
维度三	12.63	13.02	1661	−0.73	0.47
维度四	2236.59	2140.55	1488	−1.64	0.10

（待续）

（续表）

	language		MannWhitney检验统计量U值	MannWhitney检验统计量z值	p
维度五	4.07	4.19	1152	−3.40	0.01**
维度六	266.18	263.52	1604	−1.03	0.30
维度七	1.71	1.77	1275	−2.76	0.01**

注：* 代表 p 在 0.05 水平上显著；** 代表 p 在 0.01 水平上显著

聚类分析能够有效解释数据中的隐形模式和趋势，可以在不依赖预设指标的前提下，客观地提供分组意见并能够有效避免线性关系和交互关系对于数据的影响（Zhang & Cheung 2023），因而可以识别出二语学习者和英语母语者写作词汇复杂度的内在结构，有助于理解二语学习者在写作中词汇使用的特定模式和特点。因而，本研究采用基于 K-means 的聚类分析方法，通过计算数据点之间的相似性或差异性对收集语料进行了探索性的聚类分析。基于聚类轮廓值（Clustering silhouette score）的肘分析（Elbow Method）结果，当语料划分为 3 个聚类时（Silhouette score：0.4976），聚类能够有效对语料进行划分，图1 展示了 3 个聚类中二语学习者与英语母语者的分布。

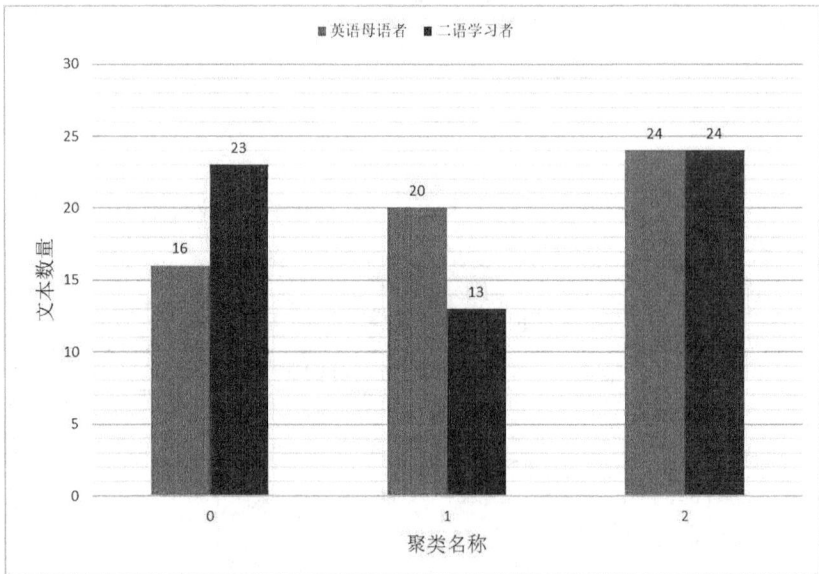

图 1. 英语母语者与二语学习者的聚类分析分布

最后，为进一步研究各聚类在词汇复杂度中所体现的总体特征，研究基于多变量方差分析（MANOVA）探索了各聚类的文本词汇复杂度特征变异。

3. 研究结果与讨论

3.1 词汇复杂度统计结果

表 3 结果显示，英语母语者与二语学习者写作词汇复杂度特征在维度二"语言邻近性与联想强度"、维度五"语义复杂度与多样性"以及维度七"多义性与语义关联度"中存在显著性差异（$p<0.05$）。

在维度二"语言邻近性与联想强度"中，英语母语者与二语学习者存在显著差异（$p<0.05$），二语学习者（$M=53.33$，$SD=2.00$）得分高于英语母语者（$M=52.60$，$SD=2.00$），这说明二语学习者写作中所使用的词汇通常具有较强的关联性和邻近性。进一步分析显示，二者在"基于 MRC 的所有词具体性"（因子载荷：–0.69）中存在显著性差异（$M=281.94$，287.91，$p<0.05$），且二语学习者写作的该指标得分高于英语母语者。"基于 MRC 的所有词具体性"作为心理语言学指标，能够基于文本的词汇特性反映学习者对文本信息的处理能力，从而有效体现二语学习者写作产出的水平（Monteiro *et al.* 2023）。这表明英语母语者在表达时往往更倾向于使用抽象词汇，而二语学习者则更多地使用具体词汇，以保证文本的可阅读性（Kyle & Crossley 2017）。如在表现积极心态时，英语母语者使用 *happy* 描述了内在的情感状态（如例（1）所示）。而在例（2）中，二语学习者则通过使用 *smile* 描述相对具体的面部表情以反映情感状态。具体词汇常与有形的感觉运动经验和其现实生活指称联系（Snefjella & Kuperman 2016），因此通常更容易被理解和记忆（Adelman & Estes 2013），二语学习者通过将具体词汇与已有的知识和经验联系起来，可减少误解，提高信息的清晰度。

（1）On the other hand, it makes a customer ***happy*** by giving them what they want.（L1）

（2）They arrive for work everyday, put on a costume and paint broad ***smiles*** on their faces.（L2）

英语母语者与二语学习者写作产出词汇复杂度在维度五"语义复杂度与多样性"中存在显著性差异（$p<0.01$），且二语学习者（$M=4.19$，$SD=2.00$）得分高于英语母语者（$M=4.07$，$SD=2.00$），这表明二语学习者写作所使用的词汇在意义上具有较强的丰富性和变化性。进一步分析显示，二语学习者与英语母语者在"实词多义词"（因子载荷：0.65）和"名词多义词"（因子载荷：0.67）两个指标上存在显著性差异（$M=7.76$，8.03，$p<0.01$；4.67，4.99，$p<0.01$）。两类指标具体反映了检索语料中实词及名词基于 Wordnet（Fellbaum 1998）的词义数量（Kyle & Crossley 2017），得分越高说明文本中的实词和名词平均具有更多的义项。二语学习者在上述指标中得分均显著高于英语母语者体现了不同

语言背景下写作风格的差异，这可能与二语学习者受母语中大量心理多义词的影响有关，如汉语心理多义词"想"（吴淑琼等 2021），更多地在写作中使用多义词。此外，这一差异性也可能与二语学习者自身词汇量相对有限有关。例（3）至例（5）分别展示了二语学习者在写作中对于多义词 sound 作为动词、形容词和名词的使用情况。多义词的使用可以有效地使二语学习者在有限的词汇量下传达信息（Nasseri & Thompson 2021），从而在交流中更加高效并展现出更强的语境适应能力和表达灵活性（Ellis 2002a, 2002b）。二语学习者在词汇意义丰富度中的分值与张殿玉（2005）存在差异，这可能与研究选取的语料均为英国高水平在校二语学习者有关。

（3）These summer delicacies *sound* sickly and unappetising.（L2）

（4）It may be the government's underlying responsibility to create a *sound* atmosphere assuring the stable and positive development of the society and economy.（L2）

（5）The *sounds* of fear, excitement and fun never fully drown out the rattle of roller coasters passing above and below.（L2）

最后，二语学习者与英语母语者在维度七"多义性与语义关联度"中存在显著性差异（$p<0.01$），且二语学习者（$M=1.77$, $SD=2.00$）得分高于英语母语者（$M=1.71$, $SD=2.00$）。具体分析发现，"形容词多义词"（因子载荷：0.68）在两类文本间存在显著性差异（$p<0.05$）。基于 Wordnet 中形容词词义数量（Fellbaum 1998），"形容词多义词"可以有效反映文本中形容词词义的数量（Kyle *et al.* 2018）。二语学习者在该项指标得分较高表明，二语学习者写作产出时更倾向于使用多义性较高的形容词，增加文本的语义层次和深度。例（6）至例（8）中形容词 hard 展示了二语学习者在写作过程中对于形容词 *hard* 的使用。其中例（7）与（8）中二语学习者对于 *hard* 的使用显示了其对该类形容词的更深层次和比喻性用法已有较为深入的理解，并能在写作中通过转喻手法进行表达。

（6）Additionally, organisation needs to set up effective back-up procedures to provide a security arrangement and a disaster recovery plan in relation to *hard* paper and electronic documents for minimizing the risk of loss, corruption and unauthorized access.

（7）Even so, it seems *hard* to theoretically rationalise that employment protection and benefit replacement ratios can affect prices.

（8）The soft approach with an emphasis on strategic interventions for commitment and development and the *hard* approach which emphasis on strategic interventions to secure full utilization of labour resources.

3.2 词汇复杂度统计聚类分析结果

基于研究问题二，研究对收集语料的词汇复杂度特征进行了基于K-means的聚类分析。结果显示（见图1），聚类0包含39篇写作（英语母语者n=16，二语学习者n=23），聚类1包含33篇写作（英语母语者n=20，二语学习者n=13），聚类2包含48篇写作（英语母语者n=24，二语学习者n=24）。由于聚类2中英语母语者与二语学习者并未存在差异，因此，在分析二语学习者与英语母语者写作差异时，本研究将不考虑聚类2中的分布特征。

为进一步探索各聚类词汇复杂度特征差异，研究采用多变量方差分析（MANOVA）分析了各聚类下词汇复杂度的变异。结果显示，各聚类在维度三"文本的语言结构复杂性"、维度四"学术词汇互动密度"和维度七"多义性与语义关联度"存在显著性差异（$p<0.05$）。

表4结果显示，聚类0在维度七"多义性与语义关联度"与聚类1存在显著性差异（$p<0.01$），且聚类0分值（$M=1.87$）高于聚类1（$M=1.70$），这表明该聚类下文本更多使用语义丰富的词汇。同时，恰当使用多义词可以产生隐喻和双关效果，激发读者的思维活动，从而有效提升文本的趣味性和互动性（Mao $et\ al.$ 2020）。此外，聚类0文本在维度三"文本的语言结构复杂性"和维度四"学术词汇互动密度"中分值较低，这说明该聚类文本中学术词汇使用较少且学术词汇搭配频次较低，这可能与该聚类中学生对学术语言表达不熟练有关。

表4. 三个聚类各维度的多变量方差分析结果

Cluster（平均值±标准差）	维度一	维度二	维度三	维度四	维度五	维度六	维度七
0（n=39）	63.78 ± 0.88	53.60 ± 1.47	12.08 ± 1.33	1884.80 ± 129.69	4.16 ± 0.19	270.85 ± 49.55	1.87 ± 0.23
1（n=33）	63.47 ± 0.58	52.77 ± 1.47	13.79 ± 1.29	2492.91 ± 121.97	4.21 ± 0.30	257.61 ± 67.21	1.70 ± 0.14
2（n=48）	63.73 ± 0.71	53.00 ± 2.12	13.02 ± 0.97	2207.05 ± 84.68	4.18 ± 0.29	265.31 ± 52.98	1.76 ± 0.12
F	1.627	2.382	17.572	246.382	0.323	0.659	9.036
p	0.202	0.098	0.000**	0.000**	0.725	0.52	0.000**

注：* 代表 p 在 0.05 水平上显著；** 代表 p 在 0.01 水平上显著。

聚类1在维度三"文本的语言结构复杂性"、维度四"学术词汇互动密度"与聚类0存在显著性差异（$p<0.01$），且聚类1在维度三和维度四得分

（ *M*=13.79，2492.91）高于聚类 0（ *M*=12.08，1884.80）。这表明聚类 1 文本在多词短语搭配使用和学术词汇方面表现出色，反映了较高的专业性和学术性。进一步分析各维度特征指标得分发现，该聚类文本中多词词组（二词词组、三词词组）的搭配强度、高频词共现强度和低频词共现强度均较强。Garner *et al.*（2019）发现，相较于低水平写作产出，高水平写作文本更多使用多词词组。这表明，聚类 1 作者对特定术语和专业语言的使用相较于聚类 0 作者更为熟练（Bestgen & Granger 2014）。但维度七得分低反映出聚类 1 中文本在词汇的多义性方面表现不足，但这也与学术表达简明严谨的特征相符（Biber & Gray 2010）。

　　基于图 1 中二语学习者与英语母语者在三类聚类中的分布，研究发现，虽然选取语料中二语学习者与母语者学习者的写作评分均为良好（Nesi & Gardner 2018），但在词汇复杂度上依旧存在一定差异性。首先，二语学习者在聚类 0 中占比较高，体现了其侧重使用多义词的写作特征。这可能有助于帮助与读者形成积极互动，但同时也可能会导致由于语境偏差带来的理解错误。但同时，聚类 1 中英语母语者多于二语学习者则反映出二者在学术词汇和多词短语搭配使用中存在较大差异，且二语学习者对于非实体词汇以及学术词汇的掌握与使用相较于英语母语者较弱。其次，二语学习者在聚类 0 与聚类 1 中与英语母语者的差异，也反映出二语学习者在写作中存在写作产出专业性较低且写作内容简明性不足的问题。因此在教学中，二语写作教师仍应重视学术词汇的教学，并进一步鼓励学生在写作中加强专业学术词汇的使用。此外，二语写作教师应有意识地鼓励学生学习和使用多词词组，以丰富学生学术写作手法。

4. 结论

　　自动评分技术逐渐成为当前外语教育信息技术发展和写作评估领域的重要趋势，但现阶段作文自动测评仍面临着测评工具和评定指标的信度和效度问题（董记华等 2023）。本研究使用语料库的方法，以 BAWE 语料库中二语学习者（母语为非英语者）和英语母语者的写作为研究对象，采用主成分因子分析法构建了二语学习者写作词汇复杂度模型。基于构建模型，研究分析了词汇复杂度在高水平英语母语者与二语学习者学术写作中的差异，有助于为二语写作教学提供有力的实证性数据，并为有关大规模写作自动评估提供了基础。此外，通过引入基于语义特征的词汇复杂度指标，研究进一步丰富了语义词汇复杂度指标，并通过实证研究验证了其在学术写作中的有效性及其与相关词汇复杂度指标的相关性。

　　研究问题一结果显示，相较于英语母语者，二语学习者受母语和词汇量影响，在学术写作中更多使用具体词汇以保证文本的清晰性。同时，二语学习者在学术写作中对于多义词的使用则可能体现了二语学习者在语境理解和语义范围选择中的不足。这说明二语学习者在学术写作中需要进一步发展对语境和词汇选择的敏感性。研究问题二结果显示，相较于英语母语者，二语学习者尽管在词汇丰富度中表现较好，但在学术词汇的使用中仍低于英语母语者。此外，二语学习者对于已有学术词汇的使用仍较为薄弱，存在学术词汇搭配使用频次较低的问题。

　　本研究为理解二语学习者和英语母语者在语言使用上的差异提供了实证依据，有助于揭示二语学习者在词汇使用上的倾向，帮助语言学家和二语习得研究者更深入地理解词汇习得的心理和认知机制，对教育实践具有指导意义。

　　在二语写作教学中，教师应当根据二语学习者在上述特征中表现，针对二语学习者写作中的不足，设计个性化的教学，丰富二语学习者学术词汇的掌握和使用，发展学生的二语写作能力。首先，二语写作教师在教学中可通过设计教学活动促进学生的词汇联想，如通过词汇网络图的构建，帮助学生建立词汇间的联系，增加词汇的深度理解和记忆。其次，针对二语学习者对于具体词汇和多义词的使用特点，教师可以通过情境对话、角色扮演等课堂教学活动，通过鼓励学生在具体任务中学习词汇，提升学生学习动机，巩固学生在具体语境中使用该类词汇的能力，从而提升其实际应用水平。而针对学生多词短语使用搭配强度低的现象，教师可以通过文本、图像、音频等多模态形式呈现多词短语知识，加大学生多词短语的输入量和输入频次，同时设计以任务为导向的活动，如情景演绎、演讲和写作等，利用这些活动使学生自然地在语境中将输入性知识转化为产出性知识。此外，教师可以引入基于语料库的数据驱动学习方法来提升词汇学习效果，引导学生在真实的语言环境中学习词汇，并理解词组搭配在真实语境中的使用情况。最后，基于英语母语者与语言学习者之间词汇复杂度的差异，二语习得教师还应充分认识学生的文化背景和母语习惯，设计与学生文化背景相关的教学内容和活动，增加学习的相关性和吸引力。

　　本文选取 BAWE 语料库中的英语写作作为语料，为保证语料对等性，本研究仅选取了艺术与人文和社会科学两门学科中高水平学生（本科三年级学生与硕士研究生）的写作，并未考虑学科特征以及低水平学生写作产出对于总体写作特征的影响。未来研究可以进一步丰富词汇复杂度在中低水平学生写作中的应用并分析其教学影响。同时，有关研究还可以进一步引入复杂动态系统理论探索词汇复杂度的动态发展特征，并揭示二语学习者写作中词汇复杂度的非线性轨迹发展（Dong 2016；Dong *et al.* 2023b），进一步丰富二语词汇复杂度的理论框架，为二语写作教学提升教学质量和学习效果提供帮助。

参考文献

Adelman, J. S. & Z. Estes. 2013. Emotion and memory: A recognition advantage for positive and negative words independent of arousal [J]. *Cognition* 129: 530-535.

Adelman, J. S., G. D. A. Brown & J. F. Quesada. 2006. Contextual diversity, not word frequency, determines word-naming and lexical decision times [J]. *Psychological Science* 17: 814-823.

Balota, D. A., M. J. Yap, K. A. Hutchison, M. J. Cortese, B. Kessler, B. Loftis, J. H. Neely, D. L. Nelson, G. B. Simpson & R. Treiman. 2007. The English lexicon project [J]. *Behavior Research Methods* 39: 445-459.

Bestgen, Y. & S. Granger. 2014. Quantifying the development of phraseological competence in L2 English writing: An automated approach [J]. *Journal of Second Language Writing* 26: 28-41.

Biber, D. & B. Gray. 2010. Challenging stereotypes about academic writing: Complexity, elaboration, explicitness [J]. *Journal of English for Academic Purposes* 9: 2-20.

Bulté, B. & A. Housen. 2012. Defining and operationalising L2 complexity [A]. In A. Housen, F. Kuiken & I. Vedder (eds.). *Dimensions of L2 Performance and Proficiency: Complexity, Accuracy and Fluency in SLA* [C]. Amsterdam: John Benjamins Publishing Company 32: 21-46.

Crossley, S. A., T. Cobb & D. S. McNamara. 2013. Comparing count-based and band-based indices of word frequency: Implications for active vocabulary research and pedagogical applications [J]. *System* 41: 965-981.

Crossley, S., T. Salsbury & D. McNamara. 2009. Measuring L2 lexical growth using hypernymic relationships [J]. *Language Learning* 59: 307-334.

Crossley, S. A., T. Salsbury, D. S. McNamara & S. Jarvis. 2011. What is lexical proficiency? Some answers from computational models of speech data [J]. *TESOL Quarterly* 45: 182-193.

Daller, H., R. Van Hout & J. Treffers-Daller. 2003. Lexical richness in the spontaneous speech of bilinguals [J]. *Applied Linguistics* 24: 197-222.

Díez-Ortega, M. & K. Kyle. 2024. Measuring the development of lexical richness of L2 Spanish: A longitudinal learner corpus study [J]. *Studies in Second Language Acquisition* 46: 169-199.

Dong, J. 2016. A dynamic systems theory approach to development of listening strategy use and listening performance [J]. *System* 63: 149-165.

Dong, J., H. Wang & L. Buckingham. 2023a. Mapping out the disciplinary variation of syntactic complexity in student academic writing [J]. *System* 113: 102974. doi: 10.1016/j.system.2022.102974.

Dong, J., Y. Liu & X. Lu. 2023b. A discourse dynamics analysis of academic voice construction: Disciplinary variation, trajectories, and dynamic interaction patterns [J]. *System* 119: 103181. doi: 10.1016/j.system.2023.103181.

Eckstein, G. & D. Ferris. 2018. Comparing L1 and L2 texts and writers in first-year composition [J]. *TESOL Quarterly* 52: 137-162.

Eguchi, M. & K. Kyle. 2020. Continuing to explore the multidimensional nature of lexical sophistication: The case of oral proficiency interviews [J]. *The Modern Language Journal* 104: 381-400.

Eguchi, M. & K. Kyle. 2023. L2 collocation profiles and their relationship with vocabulary proficiency: A learner corpus approach [J]. *Journal of Second Language Writing* 60: 100975. doi: 10.1016/j.jslw.2023.100975.

Ellis, N. C. 2002a. Frequency effects in language processing: A review with implications for theories of implicit and explicit language acquisition [J]. *Studies in Second Language Acquisition* 24: 143-188.

Ellis, N. C. 2002b. Reflections on frequency effects in language processing [J]. *Studies in Second Language Acquisition* 24: 297-339.

Fellbaum, C. (ed.). 1998. *WordNet: An Electronic Lexical Database* [C]. Cambridge: MIT press.

Fu, Q.-K., D. Zou, H. Xie & G. Cheng. 2024. A review of AWE feedback: Types, learning outcomes, and implications [J]. *Computer Assisted Language Learning* 37: 179-221.

Garner, J., S. Crossley & K. Kyle. 2019. N-gram measures and L2 writing proficiency [J]. *System* 80: 176-187.

Henderson, J. B., K. L. McNeill, M. González-Howard, K. Close & M. Evans. 2018. Key challenges and future directions for educational research on scientific argumentation [J]. *Journal of Research in Science Teaching* 55: 5-18.

Kelly, M. A., M. Ghafurian, R. L. West & D. Reitter. 2020. Indirect associations in learning semantic and syntactic lexical relationships [J]. *Journal of Memory and Language* 115: 104153. doi: 10.1016/j.jml.2020.104153

Kim, M., S. A. Crossley & K. Kyle. 2018. Lexical sophistication as a multidimensional phenomenon: Relations to second language lexical proficiency, development, and writing quality [J]. *The Modern Language Journal* 102: 120-141.

Kyle, K. & S. A. Crossley. 2015. Automatically assessing lexical sophistication: Indices, tools, findings, and application [J]. *TESOL Quarterly* 49: 757-786.

Kyle, K. & S. Crossley. 2016. The relationship between lexical sophistication and independent and source-based writing [J]. *Journal of Second Language Writing* 34: 12-24.

Kyle, K. & S. Crossley. 2017. Assessing syntactic sophistication in L2 writing: A usage-based approach [J]. *Language Testing* 34: 513-535.

Kyle, K., S. Crossley & C. Berger. 2018. The tool for the automatic analysis of lexical sophistication (TAALES): Version 2.0 [J]. *Behavior Research Methods* 50: 1030-1046.

Laufer, B. 1998. The development of passive and active vocabulary in a second language: Same or different? [J]. *Applied Linguistics* 19: 255-271.

Lessard-Clouston, M. 2010. Theology lectures as lexical environments: A case study of technical vocabulary use [J]. *Journal of English for Academic Purposes* 9: 308-321.

Lu, X. 2012. The relationship of lexical richness to the quality of ESL learners' oral narratives [J]. *The Modern Language Journal* 96: 190-208.

Mao, J., R. Wang, X. Huang & Z. Chen. 2020. Compositional semantics network with multi-task learning for pun location [J]. *IEEE Access* 8: 44976-44982.

Milton, J. 2009. *Measuring Second Language Vocabulary Acquisition* [M]. Bristol, Blue Ridge Summit: Multilingual Matters.

Monteiro, K., S. Crossley, R.-M. Botarleanu & M. Dascălu. 2023. L2 and L1 semantic context indices as automated measures of lexical sophistication [J]. *Language Testing* 40: 576-606.

Nasseri, M. & P. Thompson. 2021. Lexical density and diversity in dissertation abstracts: Revisiting English L1 vs. L2 text differences [J]. *Assessing Writing* 47: 100511. doi: 10.1016/j.asw.2020.100511

Nation, I. S. P. & S. A. Webb. 2011. *Researching and Analyzing Vocabulary* [M]. Boston, MA: Heinle, Cengage Learning.

Nesi, H. & S. Gardner. 2018. The BAWE corpus and genre families classification of assessed student writing [J]. *Assessing Writing* 38: 51-55.

Peng, Y., J. Sun, J. Quan, Y. Wang, C. Lv & H. Zhang. 2023. Predicting Chinese EFL learners' human-rated writing quality in argumentative writing through multidimensional computational indices of lexical complexity [J]. *Assessing Writing* 56: 100722. doi: 10.1016/j.asw.2023.100722.

Read, J. A. S. 2000. *Assessing Vocabulary* [M]. Cambridge: Cambridge University Press.

Read, J. 1998. Validating a test to measure depth of vocabulary knowledge [A]. In A. J. Kunnan (ed.). *Validation in Language Assessment* [C]. New York: Routledge. 41-60.

Saito, K., S. Webb, P. Trofimovich & T. Isaacs. 2016. Lexical correlates of comprehensibility versus accentedness in second language speech [J]. *Bilingualism: Language and Cognition* 19: 597-609.

Salsbury, T., S. A. Crossley & D. S. McNamara. 2011. Psycholinguistic word information in second language oral discourse [J]. *Second Language Research* 27: 343-360.

Shin, J. & M. J. Gierl. 2021. More efficient processes for creating automated essay scoring frameworks: A demonstration of two algorithms [J]. *Language Testing* 38: 247-272.

Snefjella, B. & V. Kuperman. 2016. It's all in the delivery: Effects of context valence, arousal, and concreteness on visual word processing [J]. *Cognition* 156: 135-146.

Wolfe-Quintero, K., S. Inagaki & H.-Y. Kim. 1998. *Second Language Development in Writing: Measures of Fluency, Accuracy, and Complexity* [M]. Honolulu, HI: University of Hawai'i Press, Second Language Teaching & Curriculum Center.

Zhang, W. & Y. L. Cheung. 2023. The different ways to write publishable research articles: Using cluster analysis to uncover patterns of APPRAISAL in discussions across disciplines [J]. *Journal of English for Academic Purposes* 63: 101231. doi: 10.1016/j.jeap.2023.101231.

Zhang, X. 2022. The relationship between lexical use and L2 writing quality: A case of two genres [J]. *International Journal of Applied Linguistics* 32: 371-396.

董记华、董帅、王昊，2023，基于文本特征的英语写作评分指标模型创建及应用 [J]，《中国考试》（2）：42-48。

李海、张淑静，2013，中国英语学习者写作产出词汇的心理语言属性发展趋势———一项基于WECCL和MRC数据库的研究 [J]，《现代外语》（2）：174-181。

刘东虹，2003，词汇量在英语写作中的作用 [J]，《现代外语》（2）：180-187。

谭晓晨，2006，中国英语学习者产出性词汇发展研究 [J]，《外语教学与研究》（3）：202-207。

王华，2021，中国英语学习者口头互动词汇复杂度多维性研究 [J]，《外语教学与研究》（5）：745-756。

吴淑琼、刘迪麟、冉苒，2021，心理动词"想"的多义性：基于语料库的行为特征分析 [J]，《外语与外语教学》（5）：1-13。

张殿玉，2005，多义名词的词义凸显与词项共现研究 [J]，《外语教学与研究》（5）：328-336。

郑咏滟，2018，高水平学习者语言复杂度的多维发展研究 [J]，《外语教学与研究》（2）：218-229。

郑咏滟、冯予力，2017，学习者句法与词汇复杂性发展的动态系统研究 [J]，《现代外语》（1）：57-68。

通信地址：250100 山东省济南市历城区洪家楼5号山东大学外国语学院

作者简介：董帅，山东大学外国语学院博士研究生，研究方向为语料库语言学、学术英语写作、动态系统理论。

Email：202120217@mail.sdu.edu.cn

张明月，山东大学外国语学院硕士研究生，研究方向为语料库语言学、多模态话语分析、词汇复杂度。

Email：202311521@mail.sdu.edu.cn

董记华（通信作者），山东大学外国语学院教授，博士，博士生导师，研究方向为语料库语言学、学术英语写作、动态系统理论，专门用途英语。

Email：dongjihua@sdu.edu.cn

英语专业研究生交际意愿与外语愉悦的历时关系研究——基于个体动态法*

大连理工大学　　于涵静　　大连经济技术开发区红星海学校　　刘天琦

提要： 本研究基于复杂动态系统理论，考察 10 名英语专业研究生外语交际意愿与外语愉悦的历时关系，并进一步探究影响二者历时关系变化的深层原因。研究采用个体动态法，从微观角度（以分秒计）出发，对数据进行分析，结果发现：（1）个体学习者其外语交际意愿与外语愉悦的历时关系发展各异，并存在个体间差异；（2）学习者的初始状态和不同口语话题对学习者交际意愿和外语愉悦的历时关系具有一定影响。研究发现对提升我国英语专业学习者个体差异发展研究具有一定的启示意义。

关键词： 复杂动态系统理论；交际意愿；外语愉悦；个体动态法

DOI:10.20054/j.cnki.sllr.2024.18.005

1. 引言

交际意愿（willingness to communicate，WTC）和外语愉悦（foreign language enjoyment，FLE）是影响学习者语言交际能力和学习成效的关键要素，对学习者语言能力和学习成效产生重要影响（Clément *et al.* 2003；董连棋、刘梅华 2022）。其中，交际意愿不仅可有效体现学习者使用目标语言的积极性，也与其语言使用频率和习得成效紧密相关（MacIntyre & Charos 1996；Peng & Woodrow 2010）。外语愉悦作为一种积极情绪，也是促进学习者语言投入和情绪调节的重要因素（Dewaele & MacIntyre 2014；李成陈、韩晔 2022；于涵静等 2024）。

---

* 本文系辽宁省经济社会发展课题青年人才项目"高校学生用英语讲好中国故事的能力培养研究"（项目编号：2024lslqnrckt-043）的阶段性研究成果。

随着积极心理学与二语习得的有机融合，交际意愿和外语愉悦对于学习者语言发展的重要作用得以凸显（Dewaele & Dewaele 2018；Khajavy et al. 2018；王毓琦 2023）。基于复杂动态系统理论的相关研究发现，在不同情境下，学习者外语交际意愿（MacIntyre & Legatto 2011）和外语愉悦（Elahi Shirvan & Talebzadeh 2018）表现出动态性和非线性特征，并强调了考察学习者不同个体差异因素动态发展的重要性。然而，上述研究仅考察单一个体差异因素的发展轨迹，忽视了不同个体差异因素之间的相互关系。复杂动态系统理论指出，系统内各子系统（个体差异因素）之间相互联结，相互影响，共同促进学习者语言发展（de Bot et al. 2007），因此未来有必要对此展开研究。此外，以往考察交际意愿和外语愉悦的关系的研究多采用横截面研究设计，以群体均值呈现二者之间的静态关系，在一定程度上掩盖了学习者个体内和个体间的差异，不利于研究者深入剖析引发学习者个体差异因素及相互关系发展变化的原因。

鉴于此，本研究采用个体动态法（the idiodynamic method），从微观层面实时捕捉个体学习者心理状态的即时变化，借助移动相关性技术可视化呈现不同个体学习者外语交际意愿和外语愉悦的历时关系及其差异。此外，结合高频数据和即时访谈，研究进一步探究个体间差异产生的原因。研究结果将有助于外语教师更有针对性地设计教学活动，提升个体学习者的交际意愿和外语愉悦。

2. 文献综述

2.1　二语交际意愿与外语愉悦

交际意愿这一概念最初在一语研究中被提出，指个体参与人际交流的意愿（McCroskey & Baer 1985）。MacIntyre et al.（1998）将此概念引入二语习得领域，定义为在特定时刻使用第二语言与他人交谈的意愿。同时，他们提出了二语交际意愿的金字塔模型（the pyramid model of WTC），该模型指出学习者二语交际意愿受个体情感和社会环境等因素的影响，是多种因素共同作用的结果（MacIntyre et al. 1998）。其中，情绪（消极情绪或积极情绪）被认为是影响交际意愿的关键因素（Dewaele 2019）。消极情绪（如焦虑）对交际意愿的影响已得到广泛验证（Dewaele & Dewaele 2018；MacIntyre & Doucette 2010）。然而，积极情绪（如外语愉悦）与交际意愿的历时关系研究数量相对有限，难以更为系统地描摹出二者之间的发展态势。

随着积极心理学的不断发展（Seligman & Csikszentmihalyi 2000），二语学界开始提倡学习者多重情绪体验、知情合一的全人观教育理念，学习者的积极情绪日益引起关注，被认为是语言学习与发展的驱动力（Dewaele & MacIntyre 2014）。控制—价值理论（control-value theory）指出，当个体体验到积极情绪（如外语愉悦）时，他们不易感到厌烦或无趣，并且能够更好地进行自我反思和调整（Pekrun 2006）。现有研究表明，学习者外语愉悦或直接或间接影响其交际意愿。Khajavy et al.（2018）采用双重潜在多层分析（doubly latent multilevel analysis）对 1528 名伊朗中学生的外语愉悦与交际意愿之间的关系进行考察，结果发现外语愉悦是促进学生交际意愿提升的重要因素，并对学习者的交际行为产生影响。Li et al.（2022）考察了 2268 名中国大学生的外语情绪与交际意愿之间的关系，其中，外语愉悦与交际意愿之间呈显著正相关，这表明愉悦感的提升有助于提高学生的交际意愿。上述研究采用横截面研究范式，考察了群体学习者外语愉悦对交际意愿的促进作用。近期，随着外语愉悦研究出现的动态转向（Dewaele & Dewaele 2017；李成陈等 2024；于涵静等 2024），研究者开始采用纵向研究设计，考察交际意愿与外语愉悦关系的动态发展情况。Khajavy et al.（2021）采用经验抽样法，首次基于动态视角考察 38 名伊朗大学生交际意愿与外语愉悦关系的变化情况，结果表明交际意愿和外语愉悦呈强正相关，二者相伴相随。此外，该研究指明了未来交际意愿和外语愉悦相关性研究由静态转向动态的重要转变。

综上，现有考察交际意愿与外语愉悦关系的研究多聚焦群体层面，尚未从个体层面关注学习者交际意愿和外语愉悦的历时关系，由于子系统之间相互联结，相互影响（de Bot et al. 2007），个体差异不可避免（郑咏滟、温植胜 2013）。因此，未来有必要对此展开研究，剖析个体学习者个体差异因素之间的历时关系，进一步推动二语发展领域中的个体差异因素发展研究。鉴于此，本研究采用个体动态法，旨在从微观层面（以分秒计）呈现出个体学习者交际意愿和外语愉悦之间的历时发展关系。

2.2　动态系统与个体动态法

复杂动态系统理论（complex dynamic systems theory）作为一个过程理论（process theory），为研究者深入解析语言及个体差异发展提供了理论框架，其核心特征包括：（1）变异性：系统内部的子系统及其之间的交互关系不断发展变化；（2）初始状态：动态系统随时间变化，系统的原因与结果间存在非线性关系，每个状态都是前一个状态的转换；（3）全面联结性：动态系统由多个子系统构成，且这些子系统相互联系；（4）自组性：动态系统通过自组织进入到吸态（稳定的发展状态）或斥态（波动的发展状态），当在吸态和斥态间转换时，系统会发生剧烈波动（de Bot et al. 2007；Spoelman & Verspoor 2010）。

复杂动态系统理论视语言及个体差异因素为复杂系统，在其发展过程中，语言或个体差异因素等系统呈非线性、实时动态波动特点（郑咏滟、温植胜2013）。因此，研究者需要采用更为适宜的方法（如个体动态法）从微观层面（以分秒计）考察学习者个体差异因素的发展过程及不同因素之间的历时关系（Larsen-Freeman 2006；Verspoor *et al.* 2008）。

　　个体动态法可用于记录学习个体差异因素的发展过程，并及时捕捉学习者的情绪和认知反应（如交际意愿、外语愉悦）（MacIntyre 2012，2020）。该方法适用于不同时间尺度，如实时跟踪语言产出和对口语交际的反应，或在选定的时间间隔（固定或随机）进行跟踪。已有研究采用该方法考察学习者一语、二语交际意愿。MacIntyre & Legatto（2011）首次采用个体动态法考察 8 名大学生在口语考试中交际意愿的变化过程，结果显示，交际意愿受多种因素（如情绪、交际话题）的影响而不断变化。MacIntyre 等人（MacIntyre & Gregersen 2022；MacIntyre & Legatto 2011）指出，个体动态法所收集的纵向数据聚焦个体学习者，且时间密度高，可从微观时间尺度有效捕捉学习者个体差异因素的发展轨迹。

　　后续研究采用此方法，捕捉不同个体差异因素的发展过程，如 Elahi Shirvan & Talebzadeh（2018）借助此方法考察不同口语话题对个体学习者外语愉悦的影响，研究发现受不同口语话题影响，学习者的外语愉悦或进入吸态（稳定的状态）或进入斥态（波动的状态）。MacIntyre & Gregersen（2022）采用个体动态法并辅以移动相关性技术，考察 4 名学习者口语任务中交际意愿和焦虑的历时关系，结果表明交际意愿和焦虑二者之间的关系时而正相关时而负相关，并存在较高程度的变异性。此外，口语任务内容对学习者的自评具有不同的影响。上述研究从个体层面考察学习者情绪和交际意愿的发展态势，为二语学习者个体差异研究提供了新视角，证明了个体差异因素发展具有复杂性、变异性和差异性。

　　迄今为止，尚未有研究在复杂理论视角下同时探讨不同个体因素（如交际意愿和外语愉悦）之间的历时关系，及其相互关系变化的原因。复杂动态系统理论揭示了学习者个体差异因素并非孤立存在，而是复杂系统内部相互联系、相互影响的子系统，其关系和影响是动态且非线性的（Larsen-Freeman & Cameron 2008）。这种全面联结性的视角启发研究者在考察交际意愿与外语愉悦的历时关系时，同时考虑它们作为系统内部子系统的相互作用和协同进化。为弥补现有研究从微观层面上考察交际意愿与外语愉悦的动态发展的空缺，本研究将基于复杂动态系统理论，采用个体动态法，借助移动相关性技术可视化呈现个体学习者交际意愿与外语愉悦的历时关系。此外，基于即时访谈，本研究进一步剖析不同学习者交际意愿和外语愉悦历时关系之间差异的原因。

3. 研究设计

3.1　研究问题

本研究旨在回答如下问题：

（1）在不同的移动时间窗口下，个体学习者交际意愿与外语愉悦之间的历时关系如何变化？交际意愿与外语愉悦之间的历时关系发展是否存在个体间差异？

（2）哪些原因导致了不同学习者交际意愿和外语愉悦的历时关系产生差异？

3.2　被试

本研究被试为 10 名东北地区某综合类院校英语专业的研一学生，年龄在 22—25 岁之间（M=23.5，SD=0.83），被试主要来自中国中部及东北部地区。受篇幅限制，本研究最终选取 2 名被试作为研究对象：刘梅（r=−0.51，p<0.01）和李明（r=0.58，p<0.01）（刘梅和李明均为化名）。基于 MacIntyre & Gregersen（2022），笔者将被试的口语任务根据话题分为 6 个片段并计算每个片段的相关性，刘梅的分段相关性为 −0.21、−0.6、−0.65、−0.11、0.70、−0.46；李明为 0.08、0.45、0.43、0.31、0.30、−0.47。选择被试的依据为他们的交际意愿与外语愉悦的相关性在口语任务中存在正、负间的变化。

3.3　研究工具

本研究采用个体动态法考察个体学习者交际意愿和外语愉悦的动态交互。为精准描绘学习者在对话过程中其交际意愿和外语愉悦的实时变化，本研究采用 Anion Variable Tester V2 软件（https://petermacintyre.weebly.com/idiodynamic-software.html，2024 年 5 月 20 日读取）请被试观看口语任务回放录像时对交际意愿和愉悦进行自评（以秒为单位）。自评开始前，笔者为两名被试讲解了 Anion Variable Tester V2 的使用方法，并以示例视频作为练习。被试完成自评后，软件会根据每秒评价分值生成图表，直观地呈现出交际意愿和外语愉悦在自我陈述中的波动情况。

3.4　数据收集

首先，研究对象与笔者进行 3—4 分钟的英文对话，内容包含 6 个话题（选自 MacIntyre & Legatto 2011），如下：（1）请描述您现在的穿着；（2）请介绍您家乡省份的教育情况；（3）假设您在餐馆用餐，请模拟点菜时的情景；

（4）请描述您的爱好；（5）请您描述图片中发生的事（图片为一幅多人用餐的油画）；（6）请描述您所在地某购物广场的地理位置。口语任务过程全程录像，随后将视频导入 Anion Variable Tester V2 软件，邀请被试观看 3 次录制视频，分别进行自评和问答环节。即时视频回放以刺激性回忆的方式辅助被试更详实地描述当时交际意愿和愉悦起伏的原因及体验。该方法可为探究影响个体学习者因素的变化提供有效的量化和质化信息（Siegler & Crowley 1991）。第一次和第二次视频播放后，被试分别对其交际意愿和愉悦进行逐秒自评，评分范围从"–5"（非常低的交际意愿 / 外语愉悦）到"5"（非常高的交际意愿 / 外语愉悦）。完成自评后，软件自动生成数据及折线图。被试在第三次观看视频时，需基于折线图说明在这个时间区间他 / 她的交际意愿较高 / 低而外语愉悦却较低 / 高的原因，以及说明交际意愿和外语愉悦同时较高 / 低的原因。

3.5　数据分析

针对研究问题 1，本研究采用 SPSS 26.0 进行皮尔逊相关性分析（pearson correlation analysis），考察每位学习者交际意愿和外语愉悦的总体相关性，以探究二者关系的强度。随后，采用移动相关性技术（Verspoor et al. 2011）可视化交际意愿与外语愉悦历时关系的发展轨迹，该技术将若干次测量点看作一个移动窗口，观察系数值的变化。本研究基于口语任务总时长，将对话系统地分为 10、25、50 秒的片段作为移动窗口。交际意愿和愉悦的相关性以每个区间的移动窗口为基础进行计算。例如，若要描绘 10 秒（10 次测量点）为移动窗口的相关性发展趋势，要在前 10 秒（1~10）内计算相关性，然后在 2~11 秒、3~12 秒，以此类推。对于研究问题 2，第一作者手动转写被试即时访谈录音，根据不同话题将对话分为 6 个片段并计算每一片段交际意愿和外语愉悦的相关性（话题控制在相似长度），对比各个片段的相关性和访谈文本，基于此，对引起二者变化的原因进行深层剖析。

4. 结果与讨论

4.1　交际意愿与外语愉悦的历时关系

针对研究问题一，本研究采用个体动态法并借助移动相关性技术，分别可视化呈现出两名学习者外语交际意愿与外语愉悦的历时关系（见图 1、图 2）。刘梅（见图 1）的交际意愿和外语愉悦相关性范围分别为 –0.88 至 0.82（10秒）、–0.69 至 0.84（25 秒）和 –0.75 至 0.72（50 秒）。李明（见图 2）的交际意愿和外语愉悦相关性范围分别为 –0.72 至 0.98（10 秒）、–0.51 至 0.83（25 秒）和 –0.19 至 0.82（50 秒）。结果表明，两名学习者的交际意愿与外语愉悦的历时关系在不同时间区间内均呈锯齿状波动发展，且存在变异性。

在以 10 秒和 25 秒为移动时间窗口时，刘梅和李明的交际意愿与外语愉悦之间的关系出现较强波动，正负相关性频繁交替。这说明在短时间内学习者外语交际意愿与外语愉悦的关系存在较高程度的变异性，二者之间的相关性发展轨迹具有非线性、不可预测性的特点（Larsen-Freeman & Cameron 2008）。这与前人研究结果一致（如 Gregersen *et al.* 2014；MacIntyre & Legatto 2011；MacIntyre 2012），说明学习者在口语交际过程中，其外语交际意愿和学习情绪在短时间内处于不稳定的状态，进一步印证了在更小的时间尺度（以分秒计）对学习者不同个体差异因素历时关系进行考察的重要性。

在以 50 秒为移动时间窗口时，两名学习者交际意愿与外语愉悦历时关系存在个体间差异。如图 1 所示，刘梅交际意愿与外语愉悦的相关性在 73~124 秒之间明显下降，并呈现出较强负相关，在短暂回升后，在 153~193 秒之间转为显著正相关。随着口语任务的不断推进，二者关系再次转为负相关。换言之，刘梅的交际意愿和外语愉悦之间的历时关系在正负相关之间不断转换，或为竞争性关系，或为支持性关系。不同于刘梅，李明的交际意愿和外语愉悦在口语任务过程中大部分时间为正相关，且呈支持性关系。这与 Khajavy *et al.*（2021）的研究结果一致，即外语愉悦作为情绪反应，在短时间内表现出不同的发展模式，与交际意愿之间形成不同的历时关系。

该研究结果表明，交际意愿与外语愉悦之间存在多样化、动态的相互关系，并随着时间的发展在支持性关系与竞争性关系之间相互转换，这也体现了复杂动态系统理论中全面联结性这一核心特点（de Bot *et al.* 2007）。

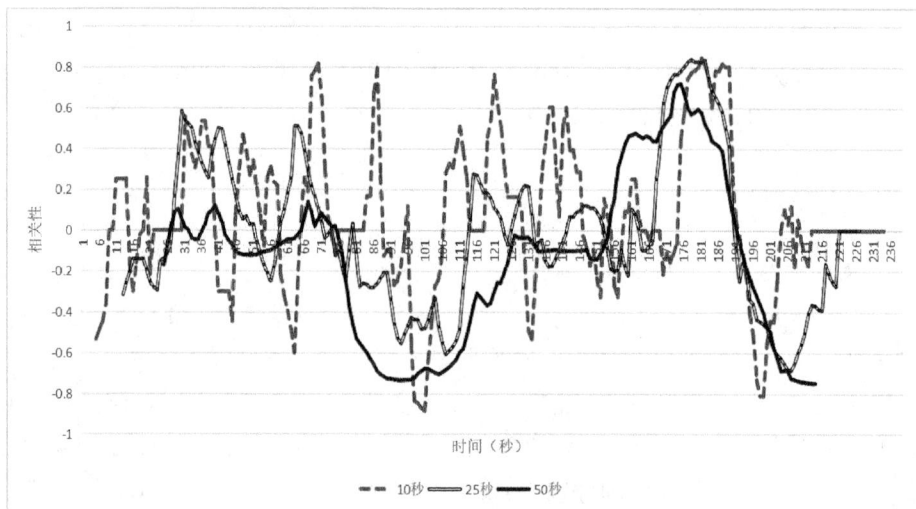

图 1. 刘梅的交际意愿和外语愉悦移动相关性图

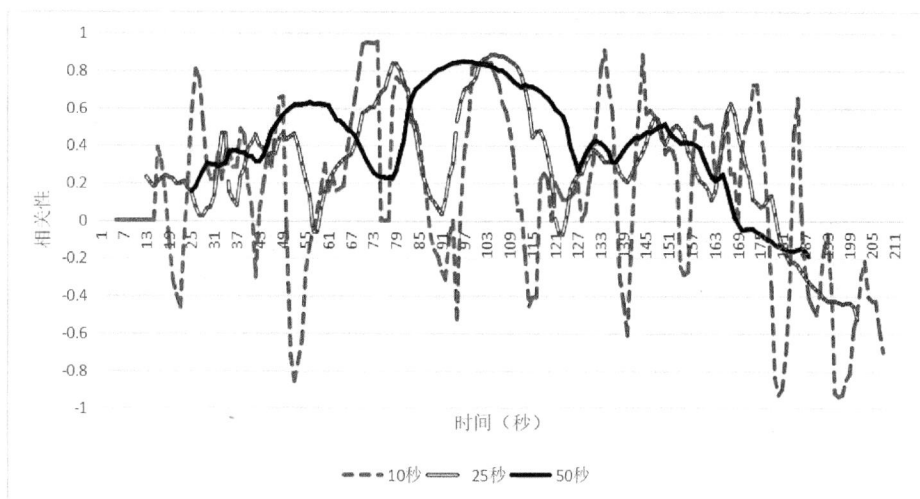

图 2.　李明的交际意愿和外语愉悦移动相关性图

4.2　影响因素

为解决研究问题二，本研究采用个体动态法，对即时访谈进行分析，研究发现两名学习者的交际意愿和外语愉悦的历时关系发展存在个体间差异。刘梅的对话被分割为 6 个 40 秒左右的片段（见图 3），她的自我评级表明其交际意愿和外语愉悦的关系处于不断变化之中，即在正、负相关之间转换。李明的对话被分割为 6 个 37 秒左右的片段（见图 4），相较于刘梅，李明的交际意愿和外语愉悦的历时关系发展较为平缓。二者之间存在的个体间差异因素原因如下。

首先，学习者不同的初始状态对其交际意愿和外语愉悦产生不同影响。刘梅和李明在任务开始时，其心理状态和情感准备都具有差异性，如刘梅在即时访谈中提到"这像是一场考试，我一直都有些紧张"，而李明认为"只是普通的英语交流，在任务开始前并不觉得紧张"。此外，刘梅在第一个话题中的表现会影响她在后续话题中的愉悦水平，如刘梅在片段 F 中，其外语愉悦水平下降是因为她"对前面话题的表现不满意，所以有些沮丧"。这是由于动态系统随时间变化，每个状态都是前一个状态的转换（Elahi Shirvan & Talebzadeh 2018；MacIntyre & Legatto 2011），初始条件下的细微差别可能会导致系统后期出现的连锁式反应（de Bot *et al.* 2007），导致个体学习者的交际意愿和外语愉悦历时关系呈不同发展趋势。

其次，不同口语任务话题对学习者交际意愿和外语愉悦的历时关系发展产生影响。在模拟点菜话题中，刘梅因话题难度较大，表达不流畅而导致交际意愿下降。李明在谈论家乡教育情况时认为"想表达的内容较少",交际意愿和外语愉悦相继下降。这与 Elahi Shirvan & Talebzadeh(2018)的结论相一致,不同话题对不同学习者愉悦水平变化的影响不同。研究结果也说明学习者由于缺乏相关语言知识而排斥某些话题(MacIntyre & Legatto 2011)。此外,在不同口语话题任务中,两名学习者的外语交际意愿和外语愉悦的历时关系发展存在差异,斥态和吸态交替出现。刘梅在片段 B(r=-0.06)中介绍家乡教育情况时,她的交际意愿一直处于较高水平,因为"话题较为熟悉,所以表达流畅,想多说一段时间"。而李明在 D 片段(r=0.31)介绍爱好时,他的外语愉悦都处于较高水平,"话题本身让我觉得开心,我有很多想要表达的内容"。然而,在面对难度较大的话题时,两名学习者的交际意愿和外语愉悦都出现了幅度较大的波动。例如,刘梅在片段 E(r=0.70)描述图片时,交际意愿和外语愉悦都产生了较大的波动:"语法和时态有些不确定,生词也有些多,所以我想快速结束这个话题";李明的交际意愿和外语愉悦则在片段 F 中经历了剧烈波动:"我对商场位置这个话题并不熟悉,表达比较困难,导致我想用更多的语句解释,反而交际意愿提升了"。复杂动态系统理论指出,当系统从斥态进入吸态时,系统内部会出现显著的波动,即系统的自组性,在这一过程中,个体间差异也会出现较大的变化(Spoelman & Verspoor 2010)。此外,系统从斥态向吸态的转变,表明个体学习者对特定情境的适应过程,反映了其在整个语言学习过程中的动态发展。对个体学习者不同个体差异因素之间的历时关系进行深度剖析,有助于研究者更深入地了解学习者个体差异的内在机制和学习环境对学习者行为的影响。

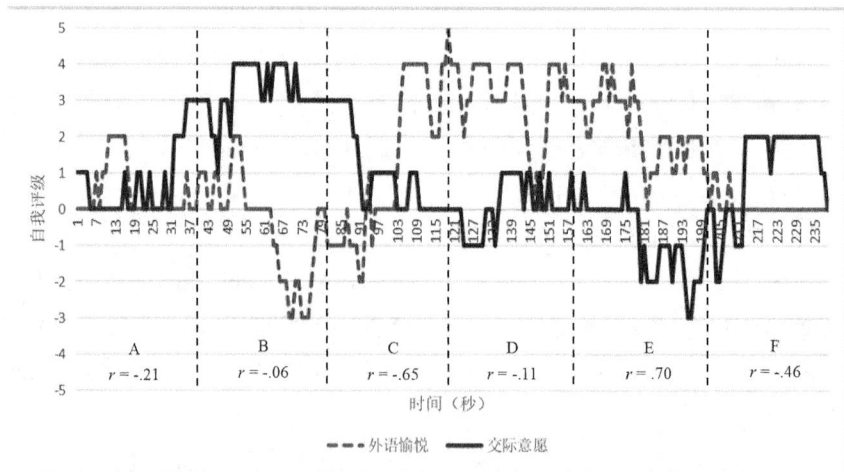

图 3.　刘梅交际意愿和外语愉悦的每秒自我评级

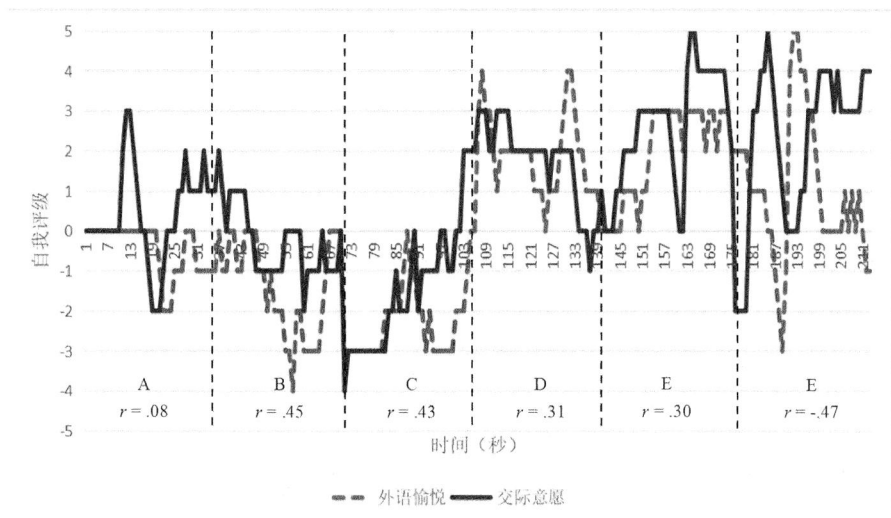

图 4.　李明交际意愿和外语愉悦的每秒自我评级

5. 结语

本研究基于复杂动态系统理论，采用个体动态法，考察我国英语专业研究生在口语任务过程中外语交际意愿与外语愉悦的历时关系，并进一步剖析影响个体学习者差异因素的深层原因。研究发现，首先，学习者外语交际意愿和外语愉悦历时关系存在个体间差异。例如，刘梅的交际意愿和外语愉悦的相互关系为竞争性和支持性交替出现，而李明的交际意愿和外语愉悦的相互关系发展较为平缓，主要呈支持性关系。其次，研究发现初始状态和口语话题对学习者交际意愿和外语愉悦的历时关系具有一定影响。

本研究具有一定的教学启示。首先，教师需深刻理解学习者的交际意愿与外语愉悦之间的动态、非线性关系。此关系受到多种因素的影响，如学习者的初始情感状态、口语任务的难度以及话题的吸引力等。因此，在设计口语教学活动时，教师应考虑这些因素的变化性，并努力创设一个能够促进学习者交际意愿和外语愉悦协同发展的学习环境。其次，教师在日常教学中应加强对学习者情感状态的监测，并能够适时地进行干预。这意味着教师需要定期搜集学习者的反馈，观察他们在特定学习任务中的情感响应，并据此调整教学策略。面对学习者的挑战或焦虑，教师应提供即时的支持与激励，辅助学习者管理情绪，维持积极的学习态度。最后，作为学习者语言发展的关键外在因素，教师可以利用自我反思日志、同伴互动等手段，引导学习者对自身的学习情感进行深入反思，加深自我认识，优化情感状态，促进语言学习。

　　本研究基于动态视角探讨个体学习者交际意愿和外语愉悦的历时发展及互动模式。未来研究可拓展研究内容，延长时间尺度，考察其他个体差异因素（如学习投入和学习兴趣）的发展轨迹及历时关系，进一步推动二语研究领域中学习者个体差异研究的发展。

参考文献

Clément, R., S. C. Baker & P. D. MacIntyre. 2003. Willingness to communicate in a second language: The effects of context, norms and vitality [J]. *Journal of Language and Social Psychology* 22: 190-209.

de Bot, K., W. Lowie & M. Verspoor. 2007. A dynamic systems theory approach to second language acquisition [J]. *Bilingualism: Language and Cognition* 10: 7-21.

Dewaele, J.-M. 2019. The effect of classroom emotions, attitudes toward English, and teacher behavior on willingness to communicate among English foreign language learners [J]. *Journal of Language and Social Psychology* 38: 523-535.

Dewaele, J.-M. & L. Dewaele. 2017. The dynamic interactions in foreign language classroom anxiety and foreign language enjoyment of pupils aged 12 to 18: A pseudo-longitudinal investigation [J]. *Journal of the European Second Language Association* 1: 12-22.

Dewaele, J.-M. & L. Dewaele. 2018. Learner-internal and learner-external predictors of willingness to communicate in the FL classroom [J]. *Journal of the European Second Language Association* 2: 24-37.

Dewaele, J.-M. & P. D. MacIntyre. 2014. The two faces of Janus? Anxiety and enjoyment in the foreign language classroom [J]. *Studies in Second Language Learning and Teaching* 4: 237-274.

Elahi Shirvan, M. & N. Talebzadeh. 2018. Exploring the fluctuations of foreign language enjoyment in conversation: An idiodynamic perspective [J]. *Journal of Intercultural Communication Research* 47: 21-37.

Gregersen, T., P. D. MacIntyre & M. D. Meza. 2014. The motion of emotion: Idiodynamic case studies of learners' foreign language anxiety [J]. *The Modern Language Journal* 98: 574-588.

Khajavy, G. H., P. D. MacIntyre & E. Barabadi. 2018. Role of the emotions and classroom environment in willingness to communicate: Applying doubly latent multilevel analysis in second language acquisition research [J]. *Studies in Second Language Acquisition* 40: 605-624.

Khajavy, G. H., P. D. MacIntyre, T. Taherian & J. Ross. 2021. Examining the dynamic relationships between willingness to communicate, anxiety and enjoyment using the experience sampling method [A]. In N. Zarrinabadi & M. Pawlak (eds.). *New Perspectives on Willingness to Communicate in a Second Language* [C]. Cham: Springer. 169-197.

Larsen-Freeman, D. 2006. The emergence of complexity, fluency, and accuracy in the oral and written production of five Chinese learners of English [J]. *Applied Linguistics* 27: 590-619.

Larsen-Freeman, D. & L. Cameron. 2008. *Complex Systems and Applied Linguistics* [M]. Oxford, UK: Oxford University Press.

Li, C., J. M. Dewaele, M. Pawlak & M. Kruk. 2022. Classroom environment and willingness to communicate in English: The mediating role of emotions experienced by university students in China [J]. *Language Teaching Research*. doi: 10.1177/13621688221111623.

MacIntyre, P. D. 2012. The idiodynamic method: A closer look at the dynamics of communication traits [J]. *Communication Research Reports* 29: 361-367.

MacIntyre, P. 2020. Expanding the theoretical base for the dynamics of willingness to communicate [J]. *Studies in Second Language Learning and Teaching* 10: 111-131.

MacIntyre, P. D. & C. Charos. 1996. Personality, attitudes, and affect as predictors of second language communication [J]. *Journal of Language and Social Psychology* 15: 3-26.

MacIntyre, P. D. & J. Doucette. 2010. Willingness to communicate and action control [J]. *System* 38: 161-171.

MacIntyre, P. D. & J. J. Legatto. 2011. A dynamic system approach to willingness to communicate: Developing an idiodynamic method to capture rapidly changing affect [J]. *Applied Linguistics* 32: 149-171.

MacIntyre, P. D. & T. Gregersen. 2022. The idiodynamic method: Willingness to communicate and anxiety processes interacting in real time [J]. *International Review of Applied Linguistics in Language Teaching* 60: 67-84.

MacIntyre, P. D., R. Clément, Z. Dörnyei & K. A. Noels. 1998. Conceptualizing willingness to communicate in a L2: A situational model of L2 confidence and affiliation [J]. *The Modern Language Journal* 82: 545-562.

McCroskey, J. C. & J. E. Baer. 1985. Willingness to communicate: The construct and its measurement [R]. Paper presented at the Annual Meeting of the Speech Communication Association, Denver, CO, November.

Pekrun, R. 2006. The control-value theory of achievement emotions: Assumptions, corollaries, and implications for educational research and practice [J]. *Educational Psychology Review* 18: 315-341.

Peng, J. & L. Woodrow. 2010. Willingness to communicate in English: A model in the Chinese EFL classroom context [J]. *Language Learning* 60: 834-876.

Seligman, M. E. P. & M. Csikszentmihalyi. 2000. Positive psychology: An introduction [J]. *American Psychologist* 55: 5-14.

Siegler, R. S. & K. Crowley. 1991. The microgenetic method: A direct means for studying cognitive development [J]. *American Psychologist* 46: 606-620.

Spoelman, M. & M. Verspoor. 2010. Dynamic patterns in development of accuracy and complexity: A longitudinal case study in the acquisition of Finnish [J]. *Applied Linguistics* 31: 532-553.

Verspoor, M., W. Lowie & M. Van Dijk. 2008. Variability in second language development from a dynamic systems perspective [J]. *The Modern Language Journal* 92: 214-231.

Verspoor, M. H., K. de Bot & W. Lowie (eds.). 2011. *A Dynamic Approach to Second Language Development: Methods and Techniques* [C]. Amsterdam: John Benjamins.

董连棋、刘梅华，2022，外语阅读焦虑与阅读策略运用的发展轨迹——基于潜变量增长模型 [J]，《外语与外语教学》（4）：134-144。

李成陈、韩晔，2022，外语愉悦、焦虑及无聊情绪对网课学习成效的预测作用 [J]，《现代外语》（2）：207-219。

李成陈、李崴、江桂英，2024，二语学习中的情绪研究：回顾与展望 [J]，《现代外语》（1）：63-75。

王毓琦，2023，二语坚毅与交际意愿的关系探究——外语愉悦与焦虑的中介效应 [J]，《现代外语》（1）：42-55。

于涵静、彭红英、黄婷、郑咏滟，2024，外语愉悦和学习投入的历时发展研究 [J]，《现代外语》（1）：101-113。

郑咏滟、温植胜，2013，动态系统理论视域下的学习者个体差异研究：理论构建与研究方法 [J]，《外语教学》（3）：54-58。

通信地址：辽宁省大连市大连理工大学外国语学院 116023

作者简介：于涵静，大连理工大学外国语学院副教授，博士，硕士生导师。研究方向为二语习得、复杂动态系统理论、外语教学。

Email: yuhanj823@126.com

刘天琦，辽宁省大连经济技术开发区红星海学校英语教师。

Email: liutianqi5699@163.com

第二语言学习研究

2024 年　　　　　Second Language Learning Research　　　　　第十八辑

二语坚毅与二语水平的关系研究:
情绪的中介作用[*]

华中师范大学重庆学校/华中科技大学　　**张宝丹**　华中科技大学　**李成陈**

提要：本研究从积极心理学视角出发，以我国 1323 名初中生为研究对象，探究二语坚毅、情绪（愉悦、焦虑和无聊）与二语水平之间的关系。基于问卷调查和《剑桥英语测试 A2 Key 青少版》数据，本研究使用 Mplus 进行路径分析，结果显示：（1）二语坚毅显著正向预测二语水平；（2）外语愉悦和焦虑在二语坚毅与二语水平之间发挥中介作用，愉悦的中介效应更大，而无聊无显著中介作用。研究发现有利于加深学界对二语水平影响机制的理解，为外语教育、教学实践提供相应启示。

关键词：二语坚毅；积极心理学；外语焦虑；外语愉悦；外语无聊

DOI:10.20054/j.cnki.sllr.2024.18.006

1. 引言

　　近年来，受积极心理学影响，二语学界逐渐认可人格特质和情绪等个体差异因素对个体幸福感与二语学习的影响（李成陈等 2024）。已有实证研究考察了以坚毅（grit）为代表的人格特质（Li & Yang 2023；Teimouri *et al.* 2022a）与以焦虑、无聊和愉悦为代表的外语情绪（Li & Li 2023；李成陈、韩晔 2022）对二语学业成绩的影响，但较少研究综合考察上述因素如何关联、互动，共促二语学习。此外，以往相关研究多采用校级课程学业测试（如期中/期末考试）成绩，鲜有研究采用国际通用的语言水平测试成绩。课程学业测试往往区

---

　　* 本文系国家社会科学基金青年项目"学习环境对农村留守儿童英语学习行为的影响及其心理机制研究"（项目编号：19CYY017）的阶段性研究成果。感谢《第二语言学习研究》的编辑老师和审稿专家给予本文修改建议和指导。

域性较强，且信度和效度多未汇报，因而限制了研究结果的适用性（李成陈等 2024）。综上所述，本研究以我国初中二年级学生为被试，综合考察二语坚毅、积极情绪和消极情绪等个体差异因素对二语水平（操作化为国际英语水平测试成绩）的直接和间接影响，以期揭示二语水平的影响机制，为二语教学与研究提供参考。

2. 文献综述

2.1　积极心理学的三大支柱理论

积极心理学（Positive Psychology）倡导关注人的积极特征（positive qualities），以促进个体发展与幸福感（Seligman & Csikszentmihalyi 2000）。Seligman & Csikszentmihalyi（2000）提出三大支柱理论（Three Pillars），认为积极心理学主要关注三方面的积极特征：（1）积极主观体验（positive subjective experience），如情绪等；（2）积极个体特质（positive individual traits），如毅力等；（3）积极的机构组织（positive institutions），如集体环境等。三者相互联系，共同促进个体发展。MacIntyre（2016）将三大支柱理论引入二语习得研究领域，指出这些积极特征同样能促进个体的语言学习。在该理论框架下，本研究聚焦个体层面的两大支柱，考察积极主观体验（情绪）与积极个体特质（坚毅）对二语水平的影响。

2.2　二语坚毅与二语学习

坚毅是积极心理学所关注的重点话题，被认为是促进个体获得成功、取得学业发展的核心人格特质之一。坚毅被定义为个体对"长期目标的坚持和热情"（Duckworth *et al.* 2007：1087），包含坚持不懈的努力（perseverance of effort）和始终如一的兴趣（consistency of interest）两个维度。近年来，坚毅这一概念被引入二语领域（Teimouri *et al.* 2022a）。诚然，二语学习是一个目标导向的长期过程，学习者需依靠源源不断的兴趣和坚持不懈的努力（合为坚毅）为其持续赋能，以顺利应对来自语言、认知和情感方面的困难与挑战。基于此，二语学者进一步提出二语坚毅（L2 grit）的概念，并指出其更值得关注（Teimouri *et al.* 2022a），理由如下：（1）坚毅具有一定的领域特定性（domain specificity），即个体在不同领域的长期目标不同，坚毅程度也因此可能不同，故应针对不同领域开展差异化研究；（2）二语坚毅的结构效度和预测效度更好，因为相较于领域通用（domain-general）坚毅，二语坚毅与二语学习的关联理应更强。

虽然在理论层面，坚毅对二语学习的重要性不言而喻，但实证研究发现，不管是领域通用的坚毅还是二语坚毅，它们对二语学业成绩的预测作用不尽一致。例如，研究发现坚毅可有显著正向预测作用（Zhao & Wang 2023），也可无显著预测作用（Khajavy *et al.* 2021），或仅"坚持不懈的努力"这一维度有显著正向预测作用（Khajavy & Aghaee 2024）。相应地，有研究发现二语坚毅可能显著预测二语成绩（Teimouri *et al.* 2022b），也有可能仅始终如一的兴趣这一维度能显著预测外语成绩（Sudina & Plonsky 2021）。值得注意的是，Li & Yang（2023）发现二语坚毅显著预测二语成绩，而坚毅则无显著预测作用，侧面支持了上述观点，即应考察二语特定坚毅（Teimouri *et al.* 2022a）。

　　然而，现有研究对二语坚毅关注相对不足。同时，以往研究多采用二语课程成绩，无法准确反映学习者二语水平，在一定程度上限制了学界对二语坚毅与二语水平关系的理解。

2.3　二语学习情绪

2.3.1　研究背景

　　近十年来，二语习得领域掀起一场情绪研究热潮，以外语焦虑、愉悦与无聊为代表的多样情绪广受关注，主要理论驱动是积极心理学视角下的拓展—建构理论（broaden-and-build theory）（Fredrickson 2001；MacIntyre & Gregersen 2012）与教育心理学视角下的控制—价值理论（control-value theory）（Pekrun 2006）。两种理论均突出积极情绪与消极情绪共生共存、平衡牵制，打破了以消极情绪为主的传统研究路径。区别在于，前者主要关注情绪对个体认知、行为的短期开拓作用，以及对个体生理、心智与社会资源的长期建构作用，突出情绪的自身价值（即个体幸福感的核心指标）；而后者主要关注学业情绪以及学业情绪的前因后果与关系网络，突出的是情绪的学业价值（Dewaele & Li 2020；李成陈等 2024）。基于控制—价值理论，学习者对外语学习的可控性评价、内在价值评价与外在价值评价，是学业情绪的近端诱因。评价越积极，越容易产生积极情绪。而基于拓展—建构理论，积极情绪能拓展思维，开阔视野，促进个体的探索欲与玩乐兴致，利于学习者吸收语言资源，并从中建构社交资源（MacIntyre & Gregersen 2012；李成陈等 2024）。此外，积极情绪可帮助二语学习者缓解消极情绪的负面作用，有利于培养个体韧性与幸福感（李成陈 2021）。

2.3.2　外语焦虑、愉悦、无聊与二语成绩

　　根据控制—价值理论（Pekrun 2006），外语愉悦是过程导向的、具有高生理与心理激活度的积极情绪；外语焦虑是结果导向的、具有高生理与心理激活度的消极情绪；而外语学习无聊是过程导向的、具有低生理与心理激活度的消

极情绪（李成陈、韩晔 2022）。实证研究发现，三者是外语学习中最频发的三种情绪（Dewaele & MacIntyre 2014；Li *et al.* 2023），其中，愉悦与焦虑、愉悦与无聊多为负相关关系，而焦虑与无聊多为正相关关系（Dewaele *et al.* 2023；Li & Li 2023；李成陈、韩晔 2022）。

就三者与二语学业成绩的关系，研究整体发现，焦虑与无聊显著负向预测二语学业成绩，愉悦显著正向预测二语学业成绩（Botes *et al.* 2022；Teimouri *et al.* 2019；李成陈等 2022）。近期，越来越多的研究集中考察三种情绪对二语学业成绩的协同预测作用，研究发现呈现复杂性。例如，在网络课堂背景下的大学生样本中，李成陈、韩晔（2022）发现三种情绪未能共同预测二语成绩，仅焦虑能显著预测二语成绩。而在摩洛哥的多年龄层样本中，Dewaele *et al.*（2023）发现三者均能预测二语成绩，其中，焦虑的预测作用最强烈，其次是无聊和愉悦。在对初中生样本的追踪性研究中，Li & Li（2023）发现三种情绪相结合时，愉悦对成绩的预测作用最强烈也最持久，焦虑次之，而无聊的预测作用则不显著。

以上结果表明，不同情绪对二语成绩的预测作用受彼此牵制，呈现复杂性，且可能受研究群体背景（如语言、年龄、教育水平等）影响。此外，同（二语）坚毅研究一致，鲜有研究采用国际通用的语言水平测试，这在一定程度上限制了学界对情绪与二语水平关系的理解。

2.4　二语坚毅与外语情绪

根据上述坚毅与情绪的定义可知，二者理应关联：对二语的兴趣始终如一的学习者更有可能体会到愉悦等积极情绪，较少出现无聊等消极情绪；同时，由于坚持不懈地付出努力，学习者对学习结果的焦虑情绪也会得到缓解，故二语坚毅与外语情绪相互联系，而这种关联有可能会共同影响二语学习。在关于交际意愿的研究中，有研究者发现二语坚毅与愉悦正向相关，与焦虑存在负相关（王毓琦 2023）。然而，以上研究集中在成年学习者，缺乏对青少年学习者的关注，尤其是乡村地区的青少年学习者。

2.5　研究不足与理论假设模型建构

综上所述，现有相关研究存在以下不足：（1）鲜有研究采用国际语言水平测试，限制了学界对上述变量与二语水平关系的理解，也限制了研究结果的适用性与可对比性，数据信度和效度也存在盲区；（2）缺乏对青少年外语学习者的关注，但该年龄段的学习者处于二语学习关键期（李成陈 2021），其情绪与人格发展也处于初期，对该群体的语言学习过程展开探究尤为必要；（3）乡村学生相比城镇学生面临着教学条件相对落后、家庭支持有限等困境，这类群体在如此困境中的二语学习过程与表现值得学界关注（李成陈等 2022）；（4）已有少量研究表明情绪在坚毅与二语成绩的关系中起中介作用（Zhao & Wang 2023；韦晓保等 2024），而以往研究较多关注（二语）坚毅对二语成绩的直接作用，对其间接作用（如情绪作为中介变量）的探究较少，限制了学界对二语学习影响机制的系统理解。

鉴于以上不足，基于上述理论和实证文献回顾，本研究对二语水平的影响路径提出以下理论假设模型（见图 1），并对我国乡村地区初二年级英语学习者展开研究，各路径具体研究假设如下：

研究假设 1：二语坚毅显著正向预测二语水平；

研究假设 2：外语焦虑、愉悦及无聊在二语坚毅与二语水平之间起平行中介作用。

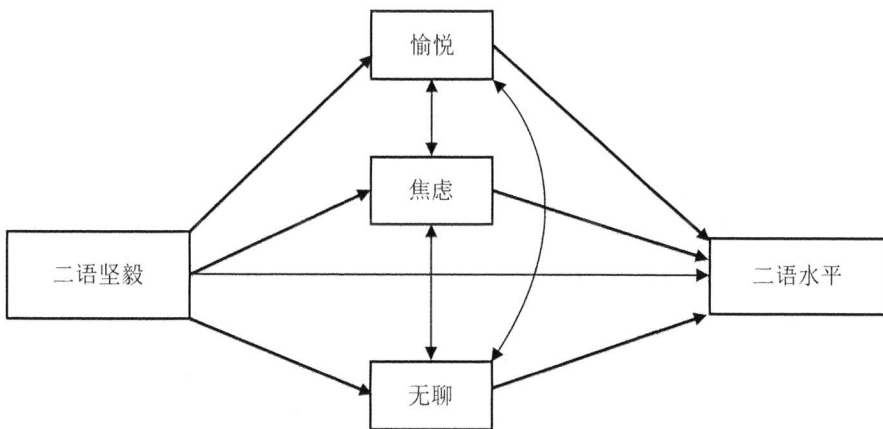

图 1.　理论假设模型

3. 研究方法

3.1　被试和研究背景

本研究采取便利抽样，选取我国中部地区某乡村中学作为调研点（校方数据显示该校 85% 以上的学生为留守儿童），在征得该校负责人、任课教师、学生本人及监护人同意后，对来自该校 26 个班级的初二学生展开调研。同时参与英语水平测试和问卷调查，并提供有效数据的被试为 1323 名。其中，男生为 843 名（63.72%），女生为 480 名（36.28%），平均年龄约 14 岁（M=14.35，SD=0.78）。该样本使用的教材为《英语八年级上册》（人民教育出版社），每周共 7~14 节 40 分钟的英语课。受试自小学三年级开始正式学习英语（平均年龄 M=8.39；SD=2.27）。

3.2　测量工具

本研究通过问卷调查和英语水平测试收集数据。问卷主要包含两个部分，第一部分收集被试的背景信息（如班级、年级和性别等），第二部分围绕各目标变量展开。所有问卷均采用李克特五级量表，且均为中文版，具体如下。

3.2.1　《二语坚毅量表》

《二语坚毅量表》由 Teimouri *et al.*（2022a）编制，Li & Yang（2023）翻译。该量表包含 9 个题项，测量两个维度"坚持不懈的努力"和"始终如一的兴趣"，其中 5 个题项用来测量前者（如"说起英语，我是一位刻苦的学习者"），另外 4 个题项采用反向表述，测量后者（如"我的英语学习兴趣不如从前了"）。本研究中，该量表整体信度（Cronbach's α=0.83）及两个分量表的信度良好（分别为 0.92 和 0.78），结构效度也较为理想，各项拟合度指标（RMSEA=0.06<0.08，CFI=0.97>0.90，TLI=0.95>0.90，SRMR=0.04<0.08）均符合要求（Hu & Bentler 1999）。

3.2.2　《中文版外语愉悦量表》

本研究使用 Li *et al.*（2018）改编的《中文版外语愉悦量表》测量外语愉悦。原版由 Dewaele & MacIntyre（2014）编制。中文版量表共含 11 个题项，其中，5 个题项测量第一个维度，即个人外语愉悦（如"学英语很有趣"），3 个题项测量第二个维度，即教师相关型外语愉悦（如"英语老师很友善"），3 个题项测量第三个维度，即课堂氛围相关型外语愉悦（如"英语课上的学习氛围很好"）。本研究中，该中文版量表的整体信度较高（Cronbach's α=0.95），三个维度的信度也很理想（Cronbach's α=0.92，0.92，0.86），结构效度良好（RMSEA=0.06<0.08，CFI=0.96>0.90，TLI=0.95>0.90，SRMR=0.04<0.08）。

3.2.3　《外语课堂焦虑量表——缩减版》

本研究采用中文版 6 题项《外语课堂焦虑量表——缩减版》。Dewaele & MacIntyre（2014）最先将 33 题项版的《外语课堂焦虑量表》（Horwitz *et al.* 1986）缩减为 8 题项，Li & Li（2023）在我国学习者群体中进一步缩减为 6 题项中文版（如"即使为上英语课做了充分的准备，我也会感到焦虑"）。本研究中，该中文版量表内部一致性信度较好（Cronbach's α=0.91），各项拟合指数较好（RMSEA≈0.08，CFI=0.97>0.90，TLI=0.94>0.90，SRMR=0.02<0.08），表现出较好的结构效度。

3.2.4 《外语课堂无聊量表》

鉴于被试主要在课堂环境下学习英语，本研究采用《外语课堂无聊量表》测量无聊情绪。该量表为《外语学习无聊量表》（Li *et al.* 2023）的一个分量表，系在我国外语学习背景下编制、验证的，该分量表包含 8 个题项（如"英语课上我经常有听不下去的感觉"）。本研究中，该测量工具表现出较高的信度（Cronbach's α=0.96），结构效度也较为良好（RMSEA=0.07<0.08，CFI=0.97>0.90，TLI=0.95>0.90，SRMR=0.02<0.08）。

3.2.5 《剑桥英语测试 A2 Key 青少版》

本研究采用《剑桥英语测试 A2 Key 青少版》（*Cambridge A2 Key for Schools English Proficiency Test*）（Cambridge University Press & Assessment 2022）测量受试英语水平。该测试主要考察听、说、读、写四个方面的技能，适用于在学年龄的英语初学者，与本研究受试匹配。但由于本研究样本量较大，加之调研点学校并未将口语技能纳入教学大纲，本研究省去该测试中的口语分项。调整后，测试时长为 90 分钟，满分为 85 分，其中，听力、阅读和写作各占 25、30 和 30 分。

3.3　数据处理

针对《剑桥英语测试 A2 Key 青少版》写作部分（含邮件写作与看图写作两个部分），本研究于调研点招募 6 位教学经验丰富的英语老师参与评分。评分教师接受系统培训（含熟悉评分规则、评分示例讲解、试评阅和讨论等环节），该评分标准分为内容、组织和语言三个维度，每个维度满分为 5 分，具体参照官方网站相关文件说明（Cambridge University Press & Assessment 2020）。

评分结果显示，邮件写作题（Cronbach's α=0.78）和看图写作题（Cronbach's α=0.83）的信度较好。关于评分员间信度（inter-rater reliability），本研究从 1323 份作文中共抽取 104 份作文（26 个班级，每个班级随机抽取 4 份），由两位教师共同评阅。结果显示，两篇作文的评分员间信度均较高，其中邮件写作题的总体信度为 r=0.94，内容、组织和语言子维度的信度依次为 0.73、0.72、0.82；看图写作题的总体信度为 r=0.90，内容、组织和语言子维度的信度依次为 0.91、0.76、0.73。

3.4　统计分析

首先，研究者采用 SPSS 26.0 对数据进行正态分布检验。随后，采用 SPSS 26.0 检验二语坚毅、外语焦虑、愉悦及无聊测量工具的信度，并使用

Mplus 8.3 对各测量工具进行验证性因子分析。之后，采用 SPSS 26.0 展开描述性统计分析和皮尔逊相关性检验。其中，相关系数小于 0.10 视为相关程度较小，介于 0.10 至 0.30 为中等，大于 0.50 视为较大程度相关（Cohen *et al.* 2018）。其后，继续使用 Mplus 8.3 对二语坚毅、外语情绪及二语水平的中介模型进行路径分析，中介模型拟合指标及标准为：近似误差均方根（RMSEA<0.08）、比较拟合指数（CFI>0.90）、Tucker-Lewis 系数（TLI>0.90）和标准残差均方根（SRMR<0.08, Hu & Bentler 1999）。

4. 研究结果

4.1　基础分析结果

表 1 汇总了各变量的描述性统计分析结果与正态分布检验结果，各变量的数据符合正态分布（–2< 偏度 <2；–7< 峰度 <7, Curran *et al.* 1996）。根据均值，学习者的二语坚毅（*M*=3.36）、外语焦虑（*M*=3.16）和外语愉悦（*M*=3.78）的平均水平中等偏上；外语无聊（*M*=2.39）的平均水平中等偏下；二语平均水平处于低到中等（*M*=44.07）。

表 1.　描述性统计分析结果（n=1323）

变量	平均值	标准差	最小值	最大值	理论最大值	偏度	峰度
二语坚毅	3.36	0.65	1	5	5	0.22	0.34
愉悦	3.78	0.80	1	5	5	−0.54	0.72
焦虑	3.16	0.95	1	5	5	−0.29	−0.12
无聊	2.39	0.96	1	5	5	0.48	−0.07
二语水平	44.07	14.86	0	85	85	−0.42	−0.18

皮尔逊相关性检验结果显示（见表 2），各变量之间的相关关系均显著。其中，二语水平与各变量之间的相关程度为小到中等（–0.274，0.334），二语坚毅与各情绪之间的相关程度为中到高等（0.334，0.607），这些显著关系为后续的模型检验提供了基础。

表 2.　各变量相关关系矩阵（n=1323）

变量	二语坚毅	愉悦	焦虑	无聊	二语水平
二语坚毅	–				
愉悦	0.607**	–			
焦虑	−0.357**	−0.173**	–		

（待续）

（续表）

变量	二语坚毅	愉悦	焦虑	无聊	二语水平
无聊	−0.552**	−0.575**	0.432**	−	
二语水平	0.334**	0.323**	−0.169**	−0.274**	−

注：**$p<0.01$。

4.2　二语坚毅、外语情绪与二语水平之间的中介效应模型

相关性检验完成之后，研究者使用 Mplus 8.3 对理论假设的模型进行了路径分析。结果显示，该中介模型为饱和模型（RMSEA=0.00，CFI=1.00，TLI=1.00，SRMR=0.00）。如图 2 所示，二语坚毅显著正向预测二语水平（$\beta=0.186$，$p<0.001$）与愉悦（$\beta=0.614$，$p<0.001$），显著负向预测焦虑（$\beta=−0.392$，$p<0.001$）与无聊（$\beta=−0.546$，$p<0.001$）。同时，焦虑显著负向预测二语水平（$\beta=−0.067$，$p<0.05$），愉悦显著正向预测二语水平（$\beta=0.133$，$p<0.001$），而无聊对二语水平无显著预测作用。另外，在该模型中，焦虑和愉悦的关系变得不显著。

本研究采用 Bootstrap 检验法（抽取 1000 次）进一步检验假设模型中各中介路径的效应量。结果显示，模型总效应为 $\beta=0.320$，$p<0.001$，其中总间接效应为 $\beta=0.134$，$p<0.001$，间接效应主要为情绪的中介效应。其中，愉悦在二语坚毅与二语水平之间的中介作用为 $\beta=0.082$、$SE=0.024$、95%CI[0.033，0.126]、$p=0.001$，所占比例为 25.63%（0.082/0.320）；焦虑的作用为 $\beta=0.026$、$SE=0.013$、95%CI[0.000，0.051]、$p<0.05$，所占比例为 8.13%（0.026/0.320），无聊在其间无显著中介作用。

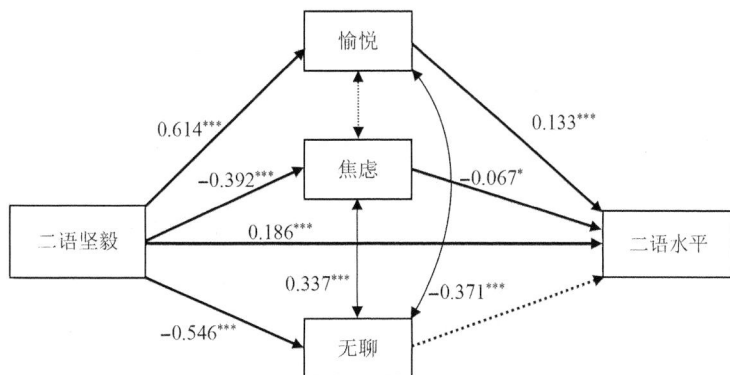

注：*$p<0.05$；***$p<0.001$；虚线为不显著路径，实线为显著路径。

图 2.　外语焦虑、愉悦及无聊在二语坚毅与二语水平之间的中介效应模型

5. 讨论

　　研究结果验证了研究假设 1，即二语坚毅显著正向预测二语水平。根据二语坚毅的定义，这一结果可理解为，对二语学习抱有始终如一的兴趣并付出坚持不懈努力（合为二语坚毅）的学习者更有可能达到较高的英语水平。如前所述，以往同类研究多聚焦（二语）坚毅对英语课程考试成绩的预测作用，研究发现或与本研究类似（Zhao & Wang 2023），或无显著作用（Khajavy *et al.* 2021），抑或仅"坚持不懈的努力"这一维度能正向预测成绩（Khajavy & Aghaee 2024）。从研究来看，本研究较早采用国际英语水平测试，考察坚毅对我国学习者的国际英语水平的预测作用。鉴于以往研究中二语坚毅对课程成绩的预测作用不尽相同，笔者推测，二语坚毅对国际英语水平测试成绩的预测作用可能也会存在群体差异，未来应在不同二语学习者群体中加强考察。此类议题关乎学界对二语坚毅作用的理解，应为二语坚毅研究的核心议题。

　　研究假设 2 在本研究中部分成立。在二语坚毅与二语水平的关系中，外语焦虑和愉悦起部分中介作用，且前者的中介效应低于后者；而无聊的中介作用不显著。这表明二语坚毅既可以直接预测二语水平，也可以通过外语焦虑和愉悦这两种情绪变量间接预测二语水平。这一发现与前人关于英语学业成绩影响机制的研究结果类似（Zhao & Wang 2023；韦晓保等 2024）。根据二语坚毅与两种情绪的定义，可以推理，对二语学习兴趣如一、持之以恒的学生，更有可能在二语学习过程中体验愉悦在内的积极情绪，受其滋养赋能，免遭焦虑等消极情绪的侵扰，从而达到较高的二语水平。

　　可结合控制—价值理论（Pekrun 2006）与拓展—建构理论（Fredrickson 2001）分段理解这一中介模型结果。具体而言，采用控制—价值理论解释二语坚毅与三种情绪间的显著关系。二语坚毅水平高的学习者（即对英语兴趣如一、在英语学习中不懈努力的学习者）对英语学习的内在价值评估及可控性评估往往也较高。根据控制—价值理论，高内在价值评估与高可控性评估是诱发愉悦等积极情绪的近端因素，更是保护学习者免遭无聊与焦虑等负面情绪的有效"保护伞"。

　　进一步采用拓展—建构理论（Fredrickson 2001）解释愉悦与焦虑对二语水平的预测作用。受该理论启发，短期而言，愉悦在内的积极情绪可开拓个体思维，促进语言学习资源的吸收，激发个体对语言的探索欲与玩乐兴致；短期积极效应不断累积，进而形成长期效应，促进语言资源的系统建构（MacIntyre & Gregersen 2012；李成陈等 2024）。二语水平的提升并非一朝一夕之功，需要聚沙成塔，逐渐积累语言资源。与此相反，焦虑等消极情绪限制个体思维，阻碍语言学习资源吸收，学习者不胜其弊，二语水平难以提升。二语坚毅水平高的学习者较少体验焦虑等消极情绪，或因此规避其消极影响，从而促进二语学习。

值得注意的是，无聊在二语坚毅和二语水平中的中介作用不显著，这可能是因为无聊情绪受到了愉悦的牵制。根据拓展—建构理论（Fredrickson 2001；MacIntyre & Gregersen 2012；李成陈等 2024），积极情绪与消极情绪共生共存，且积极情绪可以缓解消极情绪的负面作用，这种缓冲作用或导致无聊的中介效应被压制；再者，控制—价值理论认为（Pekrun 2006）愉悦是具有高生理与心理激活度的情绪，无聊的生理与心理激活度低，故无聊的中介作用可能因愉悦的激活度过高而被牵制。此外，当三种情绪同时进入中介模型时，有些情绪的关系（焦虑和愉悦）变得不显著，但愉悦和无聊之间的关系仍然显著，二者坚固的关系亦可能为愉悦牵制无聊提供空间。未来研究应重视情绪如何关联、互动，考察多种情绪之间的联系以及其对二语水平的影响。

此外，外语愉悦的中介作用比焦虑更强，比无聊更显著，这与 Li & Li（2023）研究中三种情绪对外语成绩的预测作用结果类似，支持了拓展—建构理论中关于积极情绪作用的论述，凸显了积极情绪在促进二语学习方面的优势，启示二语研究者们注重探索积极情绪的促学作用。

6. 结语

本研究发现，我国青少年学习者的二语坚毅能正向预测二语水平，同时，外语焦虑和愉悦在二语坚毅和二语水平的关系中起中介作用，无聊情绪的中介作用不显著，外语愉悦的中介效应大于焦虑的作用。本研究的结果验证了"人格特质（坚毅）—情绪—二语水平"这一影响路径，为"三大支柱"理论提供了部分实证证据：情绪和人格特质作为个体层面的"两大支柱"，互相关联、影响，共促二语水平的提升。这为我国外语教学实践提供了相应启示：外语教育工作者应积极采纳积极心理学的观点，大力推广积极语言教育（李成陈2021）。与本研究密切相关的是，外语教师应着重培养学习者个体层面的积极要素（如塑造坚毅等积极人格特质，激发学习者的积极情绪体验等），因为这不仅有利于保护学习者的情绪健康，增强个体韧性与幸福感，还有可能促学。

本研究存在以下不足。首先，本研究仅考察"三大支柱"中的"两大支柱"，未考虑"第三支柱"，即群体和环境层面的因素（如任务环境、家庭环境与课堂环境等），未来研究应就此突破，以揭示"三大支柱"对二语水平的深层次作用机制。其次，本研究采用横断面研究设计，无法捕捉"三大支柱"潜在的动态性与交互性，未来研究可采用追踪、实验类研究方法进一步考察。最后，本研究中的被试样本虽相对较大，但均来自同一所中学，研究结果的适用性可能因此受限，未来研究可在不同背景的样本中交叉验证。

参考文献

Botes, E., J.-M. Dewaele & S. Greiff. 2022. Taking stock: A meta-analysis of the effects of foreign language enjoyment [J]. *Studies in Second Language Learning and Teaching* 12: 205-232.

Cambridge University Press & Assessment. 2020. Assessing writing for Cambridge English Qualifications: A guide for teachers [OL]. https://assets.cambridgeenglish.org/schools/CER%206647%20V1c%20JUL20_Teacher%20Guide%20for%20Writing%20A2%20Key%20for%20Schools.pdf (accessed 01/02/2024).

Cambridge University Press & Assessment. 2022. Cambridge Assessment English [OL]. https://www.cambridgeenglish.org/exams-and-tests/key-for-schools/exam-format/ (accessed 01/02/2024).

Cohen, L., L. Manion & K. Morrison. 2018. *Research Methods in Education* (8th Ed.) [M]. London: Routledge.

Curran, P. J., S. G. West & J. F. Finch. 1996. The robustness of test statistics to nonnormality and specification error in confirmatory factor analysis [J]. *Psychological Methods* 1: 16-29.

Dewaele, J.-M. & C. Li. 2020. Emotions in second language acquisition: A critical review and research agenda [J]. *Foreign Language World* 1: 34-49.

Dewaele, J.-M., E. Botes & R. Meftah. 2023. A three-body problem: The effects of foreign language anxiety, enjoyment, and boredom on academic achievement [J]. *Annual Review of Applied Linguistics* 43: 7-22.

Dewaele, J.-M. & P. D. MacIntyre. 2014. The two faces of Janus? Anxiety and enjoyment in the foreign language classroom [J]. *Studies in Second Language Learning and Teaching* 4: 237-274.

Duckworth, A. L., C. Peterson, M. D. Matthews & D. R. Kelly. 2007. Grit: Perseverance and passion for long-term goals [J]. *Journal of Personality and Social Psychology* 92: 1087-1101.

Fredrickson, B. L. 2001. The role of positive emotions in positive psychology: The broaden-and-build theory of positive emotions [J]. *American Psychologist* 56: 218-226.

Horwitz, E. K., M. B., Horwitz & J. Cope. 1986. Foreign language classroom anxiety [J]. *The Modern Language Journal* 70: 125-132.

Hu, L. & P. M. Bentler. 1999. Cutoff criteria for fit indexes in covariance structure analysis: Conventional criteria versus new alternatives [J]. *Structural Equation Modeling: A Multidisciplinary Journal* 6: 1-55.

Khajavy, G. H. & E. Aghaee. 2024. The contribution of grit, emotions and personal bests to foreign language learning [J]. *Journal of Multilingual and Multicultural Development* 45: 2300-2314.

Khajavy, G. H., P. D. MacIntyre & J. Hariri. 2021. A closer look at grit and language mindset as predictors of foreign language achievement [J]. *Studies in Second Language Acquisition* 43: 379-402.

Li, C., G. Jiang & J.-M. Dewaele. 2018. Understanding Chinese high school students' foreign language enjoyment: Validation of the Chinese version of the Foreign Language Enjoyment Scale [J]. *System* 76: 183-196.

Li, C., J.-M. Dewaele & Y. Hu. 2023. Foreign language learning boredom: Conceptualization and measurement [J]. *Applied Linguistics Review* 14: 223-249.

Li, C. & W. Li. 2023. Anxiety, enjoyment, and boredom in language learning amongst junior secondary students in rural China: How do they contribute to L2 achievement? [J]. *Studies in Second Language Acquisition* 45: 93-108.

Li, C. & Y. Yang. 2023. Domain-general grit and domain-specific grit: Conceptual structures, measurement, and associations with the achievement of German as a foreign language [J]. *International Review of Applied Linguistics in Language Teaching*. doi: 10.1515/iral-2022-0196.

MacIntyre, P. D. 2016. So far so good: An overview of positive psychology and its contributions to SLA [A]. In D. Gabryś-Barker & D. Gałajda (eds.). *Positive Psychology Perspectives on Foreign Language Learning and Teaching* [C]. Cham: Springer. 3-20.

MacIntyre, P. D. & T. Gregersen. 2012. Emotions that facilitate language learning: The positive-broadening power of the imagination [J]. *Studies in Second Language Learning and Teaching* 2: 193-213.

Pekrun, R. 2006. The control-value theory of achievement emotions: Assumptions, corollaries, and implications for educational research and practice [J]. *Educational Psychology Review* 18: 315-341.

Seligman, M. E. P. & M. Csikszentmihalyi. 2000. Positive psychology: An introduction [J]. *American Psychologist* 55: 5-14.

Sudina, E. & L. Plonsky. 2021. Language learning grit, achievement, and anxiety among L2 and L3 learners in Russia [J]. *International Journal of Applied Linguistic* 172: 161-198.

Teimouri, Y., J. Goetze & L. Plonsky. 2019. Second language anxiety and achievement: A meta-analysis [J]. *Studies in Second Language Acquisition* 41: 363-387.

Teimouri, Y., L. Plonsky & F. Tabandeh. 2022a. L2 grit: Passion and perseverance for second-language learning [J]. *Language Teaching Research* 26: 893-918.

Teimouri, Y., F. Tabandeh & S. Tahmouresi. 2022b. The hare and the tortoise: The race on the course of L2 learning [J]. *The Modern Language Journal* 106: 764-783.

Zhao, X. & D. Wang. 2023. Grit, emotions, and their effects on ethnic minority students' English language learning achievements: A structural equation modelling analysis [J]. *System* 113. doi: 10.1016/j.system.2023.102979.

李成陈，2021，积极心理学视角下的二语习得研究：回顾与展望（2012—2021）[J]，《外语教学》（4）：57-63。

李成陈、韩晔，2022，外语愉悦、焦虑及无聊情绪对网课学习成效的预测作用 [J]，《现代外语》（2）：207-219。

李成陈、韩晔、李斑斑，2022，小学外语课堂无聊情绪与外语成绩之间的关系及城乡差异研究 [J]，《外语教学》（3）：50-55。

李成陈、李嵬、江桂英，2024，二语学习中的情绪研究：回顾与展望 [J]，《现代外语》
　　（1）：63-75。

王毓琦，2023，二语坚毅与交际意愿的关系探究——外语愉悦与焦虑的中介效应 [J]，《现
　　代外语》（1）：42-55。

韦晓保、彭剑娥、秦丽莉、杨连瑞，2024，课堂环境、二语坚毅与英语学业成绩的关
　　系——学业情绪的中介作用 [J]，《现代外语》（1）：89-100。

通信地址： 430074 湖北省武汉市洪山区珞喻路1037号华中科技大学外国语学院

作者简介： 张宝丹，华中师范大学重庆学校教师，华中科技大学外国语学院2024届硕士毕
　　业生，研究方向为积极心理学和二语习得。
　　Email: zhangbaodan98@126.com
　　李成陈，华中科技大学外国语学院副教授，博士，博士生导师，研究方向为积
　　极心理学、二语习得、二语写作、任务型教学。
　　Email: lichengchen@hust.edu.cn

个人抗逆力对学习投入的影响：情绪的中介作用

湖南大学　钟　轲　高婧茹　曾　涛

提要： 本研究通过问卷调查法和访谈法，探究了 162 名以英语为二语的学生和 119 名以日语为三语的学生的个人抗逆力、无聊、愉悦和学习投入之间的关系。研究发现：（1）英语二语学习者和日语三语学习者之间，个人抗逆力水平无差异；但后者的愉悦和学习投入水平更高，无聊水平更低；（2）个人抗逆力、无聊、愉悦和学习投入之间的相关关系在两类受试群体中无差异，但在日语三语学习者中存在链式中介关系，在英语二语学习者中不存在。本研究表明，无聊情绪在个人抗逆力对学习投入的影响中发挥了中介作用，而个人抗逆力、无聊、愉悦、学习投入的链式中介作用只在三语学习者中存在，说明积极心理学相关理论同样适用于中国三语学习者。

关键词： 个人抗逆力；情绪；学习投入；二语学习者；三语学习者

DOI:10.20054/j.cnki.sllr.2024.18.007

1. 引言

　　随着积极心理学被引入二语研究中，学习者的不同情绪得到全面探索，积极情绪和消极情绪的动态平衡会影响学习者的学习效果（MacIntyre & Gregersen 2012）。愉悦（enjoyment）是一种典型的积极情绪，在二语习得领域广受关注，它是指在学习外语的时候所感受到的快乐、有趣、不无聊的心情（Dewaele & MacIntyre 2014）；而无聊（boredom）是一种典型的消极情绪，它是一种不愉快的情绪或心理状态（Li *et al.* 2023）。根据拓展—建构理论（broaden-and-build theory）（Fredrickson 2003），愉悦和无聊都源自持续的学习活动或任务，二者都可以对学习投入产生影响（Dewaele & Li 2021）。语言学习过程中，情绪的产生和变化离不开抗逆力（resilience）的调节（Hirvonen *et al.* 2020；Liu. *et al.* 2021）。抗逆力是指人们在困难、风险环境下能够调整自我，激发自我效能感，采用积极的方式应对逆境，最终具备良好的适应能力（Morales & Trotman 2010）。抗逆力与情绪、学习投入关系密切。

研究发现，抗逆力显著正向预测学习投入（Liu.*et al.* 2022），而情绪在抗逆力和学习投入之间扮演着重要的桥梁角色。个人抗逆力在一定程度上可以解释学习情绪的产生和变化，情绪又对学习投入产生影响。以往抗逆力的研究主要关注其对二语学习水平的预测性（Kim & Kim 2021；Wei *et al.* 2023），且研究对象多为二语教师（Derakhshan *et al.* 2022；Ergün & Dewaele 2021；Liu & Chu 2022），鲜有研究关注外语学习者情绪在抗逆力与学习投入关系中的作用。此外，随着新课改的推行，高考外语除英语外，还增加了日语、法语、俄语、西班牙语、德语可供选择。其中，日语是仅次于英语的第二大语种，催生了一大批日语三语学习者。然而，国内积极心理学相关的研究对象主要集中在以英语作为外语的学生，研究对其他语种学生的关注相对不足（李成陈 2021），而以日语三语学习者为对象的积极心理学方向的研究仍然是空白。

综上所述，本研究以日语三语学习者和英语二语学习者为对象，探讨个人抗逆力与无聊、愉悦以及学习投入之间的关系，并尝试构建抗逆力、情绪和学习投入的关系模型。

2. 文献综述

2.1　情绪理论与语言习得

目前，积极心理学视角下的语言习得情绪研究主要包含两个层面的理论，即幸福感理论（well-being theory）（Seligman 2011）和拓展—建构理论（broaden-and-build theory）（Fredrickson 2003）。在语言习得研究中，幸福感理论认为，学习者的幸福感与语言水平/成绩同等重要，积极情绪是个体幸福感的核心指标（MacIntyre & Mercer 2014；李成陈 2021）。在语言教学中，教师不仅要关注学习者的成绩，更应该注重他们在学习过程中的积极体验，如外语学习的愉悦感、幸福感等。与此呼应，拓展—建构理论更强调情绪在外语学习中的重要作用。该理论认为，积极情绪和消极情绪共存是学习者的日常情绪机制，前者可以帮助个体整合认知、生理、心理、社会等资源，从而促进学习者对新知识的习得，后者则具有相反的作用（MacIntyre & Gregersen 2012）。根据该理论，研究者分别探讨了积极情绪对外语学习的促进作用和消极情绪对外语学习的不利影响（如 Dewaele & Li 2021；李成陈、韩晔 2022）。但该理论容易忽略积极情绪和消极情绪并非单独作用于学习的结果，二者对二语学习的影响是一个动态平衡的复杂过程。Krashen & Terrell（1983）提出了消除假说（undoing hypothesis），即积极情绪可以消解消极情绪的负面影响，从而促进二语学习。因此，本研究关注语言学习中的情绪体验，将积极情绪和消极情绪的互动关系纳入考量，探讨情绪在个体积极特质和学习投入之间的作用。

以往积极心理学相关研究多集中于二语学习者，对国内庞大的三语学习群体重视不够。在中国，英语是学生义务教育阶段必修的课程，日语往往成了不少学生的三语。日语是国内外语教育中继英语之后受教育人数最多的语种，除了513所招收日语专业学生的大学外，很多高校也开设了相应的大学日语课程（赵华敏 2020），其育人作用不可小觑。然而，将日语作为三语的研究中，积极心理学相关的探讨还处在萌芽阶段，研究对象主要集中在专业日语学生身上（李向东等 2021），关注的话题也十分有限，包含学习动机、学习投入、焦虑情绪，而以日语三语者为研究对象，对积极心理学相关的分话题探讨较为缺乏。同时，三语学习者比二语学习者的学习愉悦更强（Dewaele & MacIntyre 2014；Ergün & Demirdag 2024），可能给学习投入带来更明显的作用，因而有必要对比我国英语二语者和日语三语者的情绪在语言习得中的作用。

2.2 情绪与个人抗逆力、学习投入

个人抗逆力是外语学习者一个重要的个体积极特质，以往研究对教师抗逆力的研究较多，对学生群体的关注较少。针对教师群体，研究者发现抗逆力对愉悦和无聊有显著的预测效果（Derakhshan et al. 2022；Ergün & Dewaele 2021；González et al. 2019），这种预测效果在学生群体中的适用性仍待证实。在针对学生个体因素对情绪的影响研究中，学者们将更多的目光放在学生的性别、年龄、外语水平、对教师的态度以及个体积极特质，包含特质情绪智力、坚毅等（Liu. et al. 2022；Wei et al. 2019；李成陈、Dewaele 2020），而较少关注个人抗逆力这一特质对情绪的影响及其带来的结果。这些研究表明抗逆力对愉悦和无聊有着重要影响，但影响路径尚不清晰，且在中国多语学习者，尤其是中国日语三语学习者群体中存在研究空白。

学习投入（academic engagement）是指学生为了学业目标集中精力参与到学习活动中，与"渴望的学业、学习成果"紧密联系在一起（Linnenbrink-Garcia & Pekrun 2011）。以往研究关注情绪对外语学习成就的影响。一方面，愉悦作为一种积极的情绪与学习投入具有正相关性。当学习者感到愉悦和满足时，可以更好地投入学习活动，有效地理解和消化所学知识，取得更好的学习效果和成绩（Li 2020）。另一方面，无聊作为一种消极情绪与学习成就具有负相关性。

当学习者感到无聊和厌倦时，容易分心、缺乏专注，从而影响到学习者的学习效果和成就（Li & Li 2023）。然而，愉悦和无聊并非在单一维度上互为正反，亦不能互斥或互抵（李成陈、韩晔 2022）。因此，需将他们结合起来，共同探讨其与学习投入的关系。

情绪除了可以在一定程度上预测学习成就，也可在影响二语习得的其他因素中发挥中介作用。以往研究发现，情绪在中国英语课堂环境对交际意愿的影响以及课堂环境、二语坚毅与学业成绩的关系中发挥中介作用，且积极情绪和消极情绪的中介作用不同（Li et al. 2023；韦晓保等 2024）。也有研究探讨了外语学习情绪在教师支持和教师热情对学生学习投入的中介作用（Dewaele & Li 2021；张茜、王建华 2023）。然而，此类研究重点关注积极情绪或消极情绪的单独中介作用，而忽略了积极情绪和消极情绪之间的互动关系，因而有必要探讨不同情绪在学习者个体积极特质对二语学习投入的作用路径。

总而言之，在外语学习的语境中，很少有研究探讨个人抗逆力对学习投入的影响，以及情绪在其中的互动关系。此外，研究对象大多集中在以英语作为外语的学生群体。因此，本研究尝试从多维的角度，将个人抗逆力、无聊、愉悦和学习投入放在一起考量，探讨英语二语者和日语三语者个人抗逆力对学习投入的影响以及情绪在其中的作用。

本研究采用定量、定性相结合的研究方法，主要回答以下两个问题：

（1）二语学习者和三语学习者的个人抗逆力、学习投入和情绪的整体水平有何差异？

（2）对二语学习者和三语学习者而言，他们的个人抗逆力、无聊、愉悦和学习投入之间的关系有何差异？

3. 研究方法

3.1　受试

笔者于 2022 年 12 月在我国一所省属高校非语言专业大一学生中，采用便利抽样，最终获得有效受试共 281 人，其中，男生 169 人，女生 112 人，平均年龄 18.58 岁。为了验证二语习得领域中积极心理学中的情绪相关理论是否同样适用于三语习得领域，本研究的受试分为两类：以英语为二语的大一学生162 人，其中，男生 73 人，女生 89 人；以日语为三语的大一学生 119 人，其中，男生 23 人，女生 96 人。日语三语者均有英语学习背景，在高考中以日语作为外语语种。抽样时，以英语、日语为外语的学生分别在修《大学英语》和《大学日语》必修课，两门课程每周皆为 4 课时。

3.2 工具

本研究问卷由三部分组成。第一部分是填写说明，强调受试者的自愿参与，并保证匿名性，明确所获数据仅用于研究目的，并遵守科学研究伦理规范的要求等。第二部分是受试的背景信息，包括性别、年龄、专业及班级等关键信息。第三部分选自个人抗逆力量表（Gartland *et al.* 2011）、外语课堂无聊量表（Li *et al.* 2023）、个人外语愉悦量表（Li *et al.* 2018）、学习投入量表（Linnenbrink-Garcia *et al.* 2011），所有题项采用从"1（分）＝完全不同意"到"5（分）＝完全同意"的李克特五级量表形式。本研究依据受试的特点，对问卷进行了适当的调整与删减，各问卷 Cronbach's α 值分别为 0.783、0.937、0.864、0.864，效度分析中各项拟合指数基本达到 x2/df=1.651<3，RMSEA=0.063<0.08，CFI=0.952>0.90，TLI=0.944>0.90，SRMR=0.074<0.08 的要求，说明该问卷信度、效度较好。在数据分析后，随机抽取 10 名学生（英语二语学习者和日语三语学习者各 5 名）和其任课教师针对学生的外语偏向性及原因进行简单回访，回访内容通过手机录音。

3.3 数据分析

本研究使用 SPSS 26.0 和 Mplus 8.3 进行数据分析。首先对问卷的信度和效度进行检验。为回答研究问题一，本研究进行描述性统计分析。为回答研究问题二，首先用 Pearson 相关性检验，然后用 PROCESS V 3.3 的 Model 6 进行链式中介分析，探索个人抗逆力、情绪（包括愉悦和无聊）以及学习投入之间的复杂关系。将访谈数据转为文字记录，进行文本分析。

4. 结果

4.1 二语学习者和三语学习者在个人抗逆力、情绪、学习投入的差异

笔者分别对以英语为二语的学生和以日语为三语的学生的两组数据进行描述性统计分析，分析结果见表 1。从两组数据的分析结果来看，以日语为三语的学生和以英语为二语的学生的个人抗逆力水平相当（*M*=3.16）。在愉悦水平上，以日语为三语的学生（*M*=3.95）比以英语为二语的学生（*M*=3.65）高。在无聊水平上，以日语为三语的学生（*M*=2.02）比以英语为二语的学生低（*M*=2.38）。在学习投入水平上，以日语为三语的学生（*M*=3.68）略高于以英语为二语的学生（*M*=3.62）。

表 1. 英语二语者和日语三语者个人抗逆力、情绪、学习投入的平均分（标准差）

组别	个人抗逆力	愉悦	无聊	学习投入
ESL	3.16 (0.47)	3.65 (0.78)	2.38 (0.87)	3.62 (0.53)
JTL	3.16 (0.48)	3.95 (0.66)	2.02 (0.73)	3.68 (0.44)

注：ESL 组代表以英语为二语的学生，JTL 组代表以日语为三语的学生。

4.2 个人抗逆力、无聊、愉悦和学习投入之间的相关性分析

为了探索本研究数据中学习者之间个人抗逆力、无聊、愉悦和学习投入之间的关系，运用 SPSS 26.0 分别对整体数据和日语三语者、英语二语者进行相关性分析。结果表明，两类受试之间的个人抗逆力、愉悦、无聊和学习投入之间的相关性无差异，整体数据的相关性分析结果见表 2。从分析结果中发现：（1）个人抗逆力与愉悦情绪和学习投入显著正相关（$r=0.540$，$p<0.01$），与无聊情绪显著负相关（$r=-0.305$，$p<0.01$）；（2）愉悦情绪与学习投入显著正相关（$r=0.497$，$p<0.01$），与无聊情绪显著负相关（$r=-0.573$，$p<0.01$）；（3）无聊情绪与学习投入显著负相关（$r=-0.614$，$p<0.01$）。

表 2. 个人抗逆力、愉悦、无聊、学习投入的相关性分析

	个人抗逆力	愉悦	无聊	学习投入
抗逆力	1			
愉悦	0.540**	1		
无聊	−0.305**	−0.573**	1	
学习投入	0.491**	0.497**	−0.614**	1

注：** 代表在 0.01 级别（双尾）相关性显著。

4.3 中介效应分析

为了探索以英语为二语的学生群体和以日语为三语的学生群体之间个人抗逆力、无聊、愉悦、学习投入之间的关系，将两组数据分别放入 PROCESS V 3.3 中进行分析。

以英语为二语的学生之间个人抗逆力、无聊、愉悦和学习投入的关系如表 3 和图 1 所示。

表3. 英语二语者链式中介效应分析

预测变量	结果变量	R^2	F	β	SEs	t	95%置信区间
				方程1			
个人抗逆力	无聊	0.09	16.28	−0.57***	0.14	−4.04	[−0.846, −0.290]
				方程2			
个人抗逆力	愉悦	0.43	60.65	0.49***	0.08	5.91	[0.329, 0.659]
无聊				−0.32***	0.04	−7.06	[−0.404, −0.228]
				方程3			
个人抗逆力		0.45	43.12	0.50***	0.12	4.04	[0.256, 0.745]
无聊	学习投入			−0.52***	0.07	−7.58	[−0.658, −0.386]
愉悦				−0.01	0.11	−0.92	[−0.220, 0.200]
				方程4			
个人抗逆力	学习投入	0.35	63.85	0.88***	0.11	7.99	[0.658, 1.092]

注：*** 代表在0.001级别（三尾）相关性显著。

从表3和图1数据可知，个人抗逆力显著负向预测无聊（β=−0.57，$p<0.001$），显著正向预测愉悦（β=0.49，$p<0.001$）和学习投入（β=0.50，$p<0.001$）。无聊显著负向预测愉悦（β=−0.32，$p<0.001$）和学习投入（β=−0.52，$p<0.001$）。在链式中介效应分析中，愉悦对学习投入的预测作用不显著（β=−0.01，$p>0.05$）。笔者发现，当所有数据放入同一中介模型中时，愉悦到学习投入的Bootstrap置信区间包含0，说明无聊和愉悦对个人抗逆力和学习投入关系的链式中介效果不显著，即个人抗逆力不能通过无聊影响愉悦，最终对学习投入产生影响。

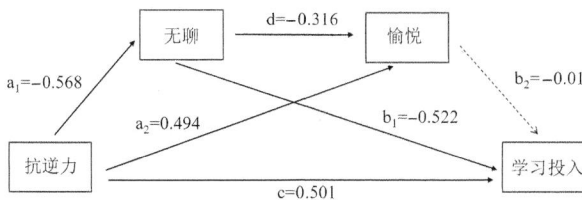

图1. 无聊和愉悦在个人抗逆力和学习投入之间的中介作用模型（英语二语者）

以日语为三语的学生之间个人抗逆力、无聊、愉悦和学习投入的关系如表4和图2所示。

表 4.　日语三语者链式中介效应分析

预测变量	结果变量	R^2	F	β	SEs	t	95%置信区间
			方程1				
个人抗逆力	无聊	0.11	14.29	−0.50***	0.13	−3.78	[−0.762, −0.238]
			方程2				
个人抗逆力	愉悦	0.53	65.75	0.55***	0.07	7.50	[0.406, 0.697]
无聊				−0.28***	0.05	−5.72	[−0.374, −0.181]
			方程3				
个人抗逆力		0.62	61.46	0.43***	0.11	3.95	[0.217, 0.652]
无聊	学习投入			−0.40***	0.07	−5.90	[−0.531, −0.264]
愉悦				0.35***	0.11	3.08	[0.126, 0.577]
			方程4				
个人抗逆力	学习投入	0.594	63.85	0.88***	0.11	7.99	[0.658, 1.092]

注：*** 代表在 0.001 级别（三尾）相关性显著。

从表4和图2数据可知，个人抗逆力显著负向预测无聊（β=−0.50，p<0.001），显著正向预测愉悦（β=0.55，p<0.001）和学习投入（β=0.43，p<0.001）。无聊显著负向预测愉悦（β=−0.28，p<0.001）和学习投入（β=−0.40，p<0.001）。愉悦显著正向预测学习投入（β=0.35，p<0.001）。当所有数据放入同一中介模型中时，所有方程的 Bootstrap 置信区间都不包含 0，说明无聊和愉悦对个人抗逆力和学习投入的链式中介效应显著。抗逆力对学习投入的间接效应为 0.05，中介效应的占比为 0.06。这说明个人抗逆力能通过无聊影响到愉悦，最终对学习投入产生影响。

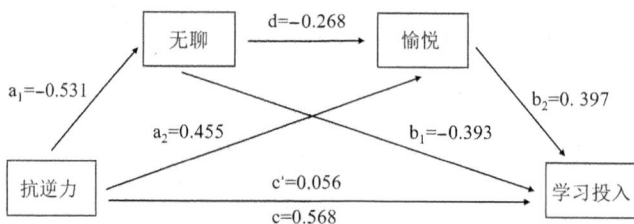

图 2.　无聊和愉悦在个人抗逆力和学习投入之间的中介作用模型（日语三语者）

5. 讨论

5.1 个人抗逆力、学习投入和情绪的整体水平

对比本研究中两组受试个人抗逆力、无聊、愉悦和学习投入的整体水平，笔者发现，在个人抗逆力水平上，以英语为二语的学生和以日语为三语的学生之间没有显著差异，说明语种习得数量对学生的个人抗逆力水平没有显著作用。在学习投入水平上，以英语为二语的学生和以日语为三语的学生之间也没有明显差异，说明语种习得数量的差别对学习投入的影响不大。根据 Philp & Duchesne（2016）的多维模型，学习投入包括行为、认知、情感和社会层面的参与，因此其受外语习得数量和语种的影响有限。另外，本研究并未严格控制受试的二语和三语水平及学习年限，因而此结论的适用性仍待未来研究考察。值得注意的是，本研究发现两类受试群体在情绪水平上有明显差异。以日语为三语的学生相比较于以英语为二语的学生，愉悦水平更高，无聊水平更低。该结果支持 Dewaele & MacIntyre（2014）、Ergün & Demirdag（2024）和徐锦芬、杨嘉琪（2023）的研究结果，即双语（多语）的学习对学生个体积极情绪及幸福感的积极影响。这一现象背后的原因有待进一步挖掘。

在新冠疫情期间，线上教学为师生带来了诸多便利。教学时间和地点的灵活性和方便性提高了教学的可操作性，同时也为线上和线下教学效果的比较提供了更多讨论的空间。在本研究中，以英语为二语的学生在线下课堂中表现出的愉悦水平均值为 3.65，无聊水平均值为 2.38。相比之下，在李成陈、韩晔（2022）的研究中发现，在线上课堂中，学生的愉悦水平均值为 3.59，无聊水平均值为 2.62。通过对比这两个研究结果，可以看出以英语为二语的学生在本研究中表现出更高的愉悦水平和更低的无聊水平。这可能是由于线下外语课相对线上的外语课，学生的参与程度更高，相对来说，学生在外语课堂上感受到的愉悦水平就更高，无聊感就会更低。换言之，相较于线上教学模式，学生可能更偏向于实体线下教学模式。虽然线上课堂有诸多优点，但是外语教师在有选择的情况下尽量选择线下教学可能更有助于调动学生上课的情绪和参与度。

5.2 个人抗逆力对学习投入的影响：情绪的中介作用

本研究发现，个人抗逆力与无聊显著负相关，与愉悦、学习投入显著正相关；无聊与愉悦、学习投入显著负相关；愉悦和学习投入显著正相关。本研究的数据结果再一次验证了二语习得中的积极心理学相关理论，并且为该理论在三语习得中的适用性提供实证依据。本研究中，愉悦和无聊之间有着强负相关性（$r=-0.537$，$p<0.001$），与李成陈、韩晔（2022）以及 Li（2022）的研究结果相近，再一次验证了愉悦和无聊之间的显著负相关性。在外语学习语境下，

积极情绪有利于学生更好地投入到外语学习中，而消极情绪却对学生的外语学习不利。这说明在教学活动中关注学生的情绪至关重要。在教学的安排上，外语教师应尽量多安排能够调动学生积极情绪的学习活动，以提高学生的学习投入。

本研究还发现，个人抗逆力显著正向预测学生的外语学习愉悦，显著负向预测外语学习无聊。这在学生群体中验证了 Ergün & Dewaele（2021）的研究结果，即当抗逆力水平高时，愉悦情绪就会相对较高。个人抗逆力水平和学生的学习投入呈现显著正相关关系，且学生的抗逆力水平高时，学生对学习的投入也相对较高，该结果和 Zarrinabadi *et al.*（2022）的发现一致。此外，抗逆力不仅可以对情绪和学习投入产生直接的影响，还可以通过影响学生的无聊情绪，间接影响学生对语言学习的投入和愉悦情绪。在外语教学中，教师不仅要注重教授学生语言知识，还应积极培养学生的个体积极特质，诚如幸福感理论（Seligman 2002）倡导的那样，学生在外语学习过程中不仅要学好知识，还要在学习中获得更多积极的情绪体验，从而促进学生的个体发展。

值得注意的是，本研究英语二语学习者和日语三语学习者样本的中介模型呈现出不同的结果，这可能是由学习者语言偏向性导致的。在以日语为三语的学生群体中，无聊和愉悦在个人抗逆力和学习投入的关系中起到链式中介作用，但是在以英语为二语的学生群体中的链式中介效果不显著，其原因可能在于以日语为三语的学生对语言的偏向性更强。Li（2020）发现学生对外语的偏好能显著预测情绪水平（包括愉悦和无聊），学习者对外语的态度越积极，愉悦水平越高，无聊水平越低。在问卷后的访谈结果中，笔者发现本研究中以英语为二语的学生群体对英语的学习兴趣不高、动力不足，因为英语成绩既不影响学位获取，也不影响未来就业。与此相对，以日语为三语的学生表现出对日语学习的浓厚兴趣和进一步从事日语相关工作的意愿。在二语习得领域，关于学习投入的相关研究，不管是 Storch（2002）的单维模型还是 Philp & Duchesne（2016）的多维模型，学生对语言的认知因素都处在十分重要的地位。因此，学习者情绪在日语学习者抗逆力与学习投入的关系中发挥更显著的链式中介作用。

6. 结语

本研究探讨了中国二语（英语）学习者和三语（日语）学习者的个人抗逆力、无聊、愉悦和学习投入水平，以及他们之间的复杂关系。研究发现，两类群体的个人抗逆力和学习投入水平没有明显差距，但日语三语学习者比英语二语学习者的愉悦情绪更高，无聊情绪更低。个人抗逆力、无聊、愉悦和学习投入之间的相关性在英语二语学习者和日语三语学习者中无显著差异。个人抗逆力与愉悦、学习投入显著正相关，与无聊显著负相关；愉悦与学习投入显著正相关，与无聊显著负相关；无聊与学习投入显著负相关。此外，对于日语三语者，愉悦和无聊情绪在个人抗逆力对学习投入的影响中起着显著的链式中介作用，而这一中介作用在英语二语者中不显著，这可能是语言偏向性导致的。本研究也进一步证实了积极心理学视角下的相关理论同样适用三语习得领域的研究。

本研究也存在一定的局限性。首先，本研究发现积极情绪和消极情绪互动，共同影响语言学习效果，支持拓展—建构理论，至于二者达到何种动态平衡能够有效促进外语学习还需要进一步探究。其次，在考察个人抗逆力时，未将其细致划分为毅力（academic resilience）和学业复原力（academic buoyancy）（Martin & Marsh 2009），限制了研究结论的精确性和普适性。未来研究可以针对个人抗逆力的不同类型和维度进行探讨，以期获得更为全面的认识。此外，可以讨论其他个体积极特质对外语学习成就和个体幸福感所发挥的作用以及与情绪之间的互动关系，同时拓宽对三语者个体积极特质的探索，深化对多语优势的认识。

参考文献

Derakhshan, A., J.-M. Dewaele & M. A. Noughabi. 2022. Modeling the contribution of resilience, well-being, and L2 grit to foreign language teaching enjoyment among Iranian English language teachers [J]. *System* 109: 102890. doi: 10.1016/j.system.2022.102890.

Dewaele, J.-M. & C. Li. 2021. Teacher enthusiasm and students' social-behavioral learning engagement: The mediating role of student enjoyment and boredom in Chinese EFL classes [J]. *Language Teaching Research* 25: 922-945.

Dewaele, J.-M. & P. D. MacIntyre. 2014. The two faces of Janus? Anxiety and enjoyment in the foreign language classroom [J]. *Studies in Second Language Learning and Teaching* 4: 237-274.

Egbert, J. 2004. A study of flow theory in the foreign language classroom [J]. *The Modern Language Journal* 87: 499-518.

Ergün, A. L. P. & H. E. Demirdag. 2024. The relation between Foreign Language Enjoyment, subjective well-being, and perceived stress in multilingual students [J]. *Journal of Multilingual and Multicultural Development* 45: 2575-2587.

Ergün, A. L. P. & J.-M. Dewaele. 2021. Do well-being and resilience predict the foreign language teaching enjoyment of teachers of Italian? [J]. *System* 99: 102506. doi: 10.1016/j.system.2021.102506.

Fredrickson, B. L. 2003. The value of positive emotions: The emerging science of positive psychology is coming to understand why it's good to feel good [J]. *American Scientist* 91: 330-335.

Gartland, D., L. Bond, C. A. Olsson, S. Buzwell & S. M. Sawyer. 2011. Development of a multi-dimensional measure of resilience in adolescents: The Adolescent Resilience Questionnaire [J]. *BMC Medical Research Methodology* 11: 134. doi: 10.1186/1471-2288-11-134.

González, L., I. Castillo & I. Balaguer. 2019. Exploring the role of resilience and basic psychological needs as antecedents of enjoyment and boredom in female sports [J]. *Revista de Psicodidáctica* (English edition) 24: 131-137.

Hirvonen, R., D. W. Putwain, S. Määttä, T. Ahonen & N. Kiuru. 2020. The role of academic buoyancy and emotions in students' learning-related expectations and behaviours in primary school [J]. *British Journal of Educational Psychology* 90: 948-963.

Kim, T. Y. & Y. Kim. 2021. Structural relationship between L2 learning motivation and resilience and their impact on motivated behavior and L2 proficiency [J]. *Journal of Psycholinguistic Research* 50: 417-436.

Krashen, S. D. & T. D. Terrell. 1983. *The Natural Approach: Language Acquisition in the Classroom* [M]. Oxford: Pergamon Press.

Li, C. 2020. A positive psychology perspective on Chinese EFL students' trait emotional intelligence, foreign language enjoyment and EFL learning achievement [J]. *Journal of Multilingual and Multicultural Development* 41: 246-263.

Li, C. 2022. Foreign language learning boredom and enjoyment: The effects of learner variables and teacher variables [J]. *Language Teaching Research*. doi: 10.1177/13621688221090324.

Li, C. & W. Li 2023. Anxiety, enjoyment, and boredom in language learning amongst junior secondary students in rural China: How do they contribute to L2 achievement? [J]. *Studies in Second Language Acquisition* 45: 93-108.

Li, C., G. Jiang & J.-M. Dewaele. 2018. Understanding Chinese high school students' foreign language enjoyment: Validation of the Chinese version of the foreign language enjoyment scale [J]. *System* 76: 183-196.

Li, C., J.-M. Dewaele & Y. Hu. 2023. Foreign language learning boredom: Conceptualization and measurement [J]. *Applied Linguistics Review* 14: 223-249.

Linnenbrink-Garcia, L. & R. Pekrun. 2011. Students' emotions and academic engagement: Introduction to the special issue [J]. *Contemporary Educational Psychology* 36: 1-3.

Linnenbrink-Garcia, L., T. K. Rogat & K. L. K. Koskey. 2011. Affect and engagement during small group instruction [J]. *Contemporary Educational Psychology* 36: 13-24.

Liu, H. & W. Chu. 2022. Exploring EFL teacher resilience in the Chinese context [J]. *System* 105: 102752. doi: 10.1016/j.system.2022.102752.

Liu, W., Y. Gao, G. Lu & J. Wu. 2022. The role of Chinese language learners' academic resilience and mindfulness in their engagement [J]. *Frontiers in Psychology* 13. doi: 10.3389/fpsyg.2022.916306.

Liu, Y., H. Pan, R. Yang, X. Wang, J. Rao, X. Zhang & C. Pan. 2021. The relationship between test anxiety and emotion regulation: The mediating effect of psychological resilience [J]. *Annals of General Psychiatry* 20. doi: 10.1186/s12991-021-00360-4.

MacIntyre, P. D. & S. Mercer. 2014. Introducing positive psychology to SLA [J]. *Studies in Second Language Learning and Teaching* 4: 153-172.

MacIntyre, P. & T. Gregersen. 2012. Emotions that facilitate language learning: The positive-broadening power of the imagination [J]. *Studies in Second Language Learning and Teaching* 2: 193-213.

Martin, A. J. & H. W. Marsh. 2008. Academic buoyancy: Towards an understanding of students' everyday academic resilience [J]. *Journal of School Psychology* 46: 53-83.

Martin, A. J. & H. W. Marsh. 2009. Academic resilience and academic buoyancy: Multidimensional and hierarchical conceptual framing of causes, correlates and cognate constructs [J]. *Oxford Review of Education* 35: 353-370.

Morales, E. E. & F. K. Trotman. 2010. *A Focus on Hope: Fifty Resilient Students Speak* [M]. Lanham, MD: University Press of America.

Pekrun, R. 2006. The control-value theory of achievement emotions: Assumptions, corollaries, and implications for educational research and practice [J]. *Educational Psychology Review* 18: 315-341.

Philp, J. & S. Duchesne. 2016. Exploring engagement in tasks in the language classroom [J]. *Annual Review of Applied Linguistics* 36: 50-72.

Sato, M. 2017. Interaction mindsets, interactional behaviors, and L2 development: An affective-social-cognitive model [J]. *Language Learning* 67: 249-283.

Seligman, M. E. P. 2011. *Flourish: A New Understanding of Happiness and Well-Being and How to Achieve Them* [M]. London: Nicholas Brealey Publishing.

Seligman, M. E. P. 2002. Positive psychology, positive prevention, and positive therapy [A]. In C. R. Snyder & S. J. Lopez (eds.). *Handbook of Positive Psychology* [C]. Oxford: Oxford University Press. 3-9.

Storch, N. 2002. Patterns of interaction in ESL pair work [J]. *Language Learning* 52: 119-158.

Wei, H., K. Gao & W. Wang. 2019. Understanding the relationship between grit and foreign language performance among middle school students: The roles of foreign language enjoyment and classroom environment [J]. *Frontiers in Psychology* 10: 1508. doi: 10.3389/fpsyg.2019.01508.

Wei, R., Y. Wang & X. Li. 2023. Examining resilience in EFL contexts: A survey study of university students in China [J]. *International Review of Applied Linguistics in Language Teaching* 61: 1773-1797.

Zarrinabadi, N., N. M. Lou & A. Ahmadi. 2022. Resilience in language classrooms: Exploring individual antecedents and consequences [J]. *System* 109: 102892. doi: 10.1016/j.system.2022.102892.

李成陈，2021，积极心理学视角下的二语习得研究：回顾与展望（2012—2021）[J]，《外语教学》（4）：57-63。

李成陈、韩晔，2022，外语愉悦、焦虑及无聊情绪对网课学习成效的预测作用 [J]，《现代外语》（2）：207-219。

李成陈、Jean-Marc Dewaele，2020，特质情绪智力及线上学习收获感对外语课堂无聊的预测作用 [J]，《外语与外语教学》（5）：33-44。

李向东、冯帆、韩涛、王晋炜，2021，非英语外语专业大学生学习动机调查研究——以俄语、日语和西班牙语为例 [J]，《外语教育研究前沿》（2）：57-64。

韦晓保、彭剑娥、秦丽莉、杨连瑞，2024，课堂环境、二语坚毅与英语学业成绩的关系——学业情绪的中介作用 [J]，《现代外语》（1）：89-100。

徐锦芬、杨嘉琪，2023，双语者及其幸福感提升：二语学习研究新动态 [J]，《外语教学理论与实践》（2）：54-61。

张茜、王建华，2023，教师支持与大学生外语学习投入的关系探究——学业情绪的多重中介作用 [J]，《中国外语》（5）：69-77。

赵华敏，2020，世界外语教育中的中国日语教育 [J]，《东北亚外语研究》（4）：8-13。

通信地址：410082 湖南省长沙市麓山南路2号湖南大学外国语学院

作者简介：钟轲，湖南大学外国语学院硕士生，研究方向为应用语言学。

Email：2361925411@qq.com

高婧茹，湖南大学外国语学院博士生，研究方向为心理语言学、语言习得。

Email：jrgao@hnu.edu.cn

曾涛，湖南大学外国语学院教授，博士，博士生导师，研究方向为语言习得、心理语言学、神经语言学、外语教学。

Email：taozengclarry@hnu.edu.cn

研究范式嬗变下的外语学习者自主性研究：回顾与展望[*]

西安交通大学外国语学院　**高　洋　王晓晨**

提要： 外语学习者自主性是外语教育中的重要话题。伴随着大语言模型等人工智能构念的不断涌现，提升外语学习者独立思考、学习和创新的能力成为了外语教育工作中的重要任务，也进一步凸显了外语学习者自主性研究的重要性。基于研究范式嬗变视角，本文采用叙述式文献综述方法，从实证主义、建构主义、变革主义和实用主义四个研究范式出发，深入分析了外语学习者自主性的研究现状。在实证主义范式中，主要探讨了教学策略、教师反馈、教学干预与学习者自主性之间的相互作用。在建构主义视角下，着重考察了课堂环境、课程内容、外语教材对促进学习者自主性的影响。在变革主义范式中，关注了教育政策、教师反思以及教师角色对自主性的塑造作用。最后，在实用主义范式中，讨论了混合式教学、教育技术和教师信念如何影响学习者的自主性。本文为深化外语学习者自主性的研究发展提供了新的给养，未来研究可以从构建新的研究范式、探索新的研究内容、尝试新的研究方法和关注多样化的研究对象四个方面对本领域进行深耕。

关键词： 外语学习者；自主性；研究范式嬗变；叙述式综述；研究展望

DOI:10.20054/j.cnki.sllr.2024.18.008

1. 引言

在人工智能赋能外语教育的背景下，外语教育的目标已经从单一的语言知

---

* 本文系 2023 年度国家社科基金西部项目"高校外语教师课程思政信念与实践的关系研究"（项目编号：23XYY005）、2023 年第一批教育部产学合作协同育人项目"四轮驱动下的跨文化学术交流课程体系创新研究"（项目编号：230818204707180）与 2023 年度西安交通大学本科教学改革研究青年项目"基于叙事教学法的跨文化交流课程设计、应用与评估"（项目编号：2302Q-10）的阶段性研究成果。

识传授转变为培养具有国际视野的综合运用和创新能力的复合型人才。这一转变不仅体现了对学习者自主性的高度重视，而且表明自主性是语言学习者取得成功的关键因素。在这种背景下，外语学习者自主性的研究显得尤为重要，其意义和影响日益凸显。首先，对学习者自主性的研究有助于促进学习者积极的参与态度和持久的学习动力，有助于外语教师设计更适应学习者需求的教学方法和课程（谢燕媚、周爱洁 2015）。其次，随着技术的发展，特别是在人工智能和生成式大语言模型到来的时代，外语学习的环境和资源变得更加丰富多样。研究如何有效利用这些新工具来支持学习者的自主性学习，不仅可以帮助学习者更好地利用可用资源，还可以引导他们在信息海洋中进行有效的自我导向学习。因此，对外语学习者自主性的研究不仅丰富了语言教育理论，也为实践提供了指导，有助于促进全球语言教育的发展。

本研究采用叙述式文献综述来梳理外语学习自主性的相关研究，特别是从研究范式转换的角度进行分析。研究范式是科学研究的世界观，它决定了研究的问题设定、理论框架、研究方法和解释方式（高洋、顾琦一 2023）。本文关注语言学习者自主性这一构念，因此选取了教育学视域下的研究范式转变视角（Kuhn 1962），即研究范式转变经历了实证主义、建构主义、变革主义和实用主义的变化（高洋、顾琦一 2023）。但这些研究范式不是线性演进的关系，而是在研究实践中以不同的形式共存和互动。在不同的研究范式下，外语学习者自主性的研究重点各有侧重。在实证主义范式（positivist paradigm）中，研究主要聚焦于通过客观的实证方法来探索和验证外语学习者自主性的具体影响因素。相较之下，建构主义范式（constructivist paradigm）的研究集中于理解学习者在社会互动和具体语境中如何构建知识和学习经验。在变革主义范式（transformativist paradigm）下，研究转向探讨外语学习如何作为一种媒介促进个人和社会的变革。最后，在实用主义范式（pragmatist paradigm）中，研究侧重于探索外语学习者自主性在实际教学和学习中的应用及其效果。

2. 文献综述

学习自主性研究的历程悠久且不断发展。Holec 在其 1981 年的著作 *Autonomy and Foreign Language Learning* 中首次定义了自主性，将其界定为负责自己学习的能力。他指出自主性是一项能力而非单纯的行为，并将其分为五个方面：确立目标、确定内容和进度、选择方法和技巧、监控学习过程、评估学习结果。随着对自主学习理论的不断探索，学者们开始认识到自主性既有个体层面，也包含社会层面的属性（Benson 2001; Thanasoulas 2000）。刘根平、刘道溶（1990）首次介绍了国际上有关自主学习的研究进展，提出自主性不仅是教育的目标，也是实践方法。徐锦芬等（2004）进一步细化了大学生英语自主学习能力内涵，并将其分为五个维度：理解教师的教学目标和要求、制定学习计划、运用学习策略、监控策略使用及评价学习过程。李颖（2013）强调，虽然"自主"已成为中西方外语教育共同追求的目标，但在借鉴西方理论时，必须考虑到本土的语言生态，如历史、政治、经济和文化背景。郝东清（2014）则指出，学习者自主性的两大特征包括：学习者对自己的学习负责，以及学生有权在传统上由教师决定的事务上做出决策。近些年，徐锦芬（2020）提出了新的自主学习能力维度，包括自我规划、探索有效学习策略、情绪管理及多元互动学习能力。这些发展不断推动我们理解和实践学习自主性的方式。其中，对于情绪管理的提出体现了近年来国内外外语教育研究对于学习者情感的关注。

因此，结合现有文献的结论和新时代背景，笔者将外语学习者自主性定义为：外语学习者在学习外语过程中展现出的自我决定、自我控制和自我管理的能力，并能够运用所学外语进行国际传播的能力。拥有自主性的学习者能够自主选择学习内容、学习方法和学习节奏，同时能够有效管理自己的情感，包括积极应对挫折、调节焦虑情绪等。此外，外语学习者自主性还包括运用所学外语进行跨文化交流和国际传播的能力，即能够有效地表达自己的想法、观点和情感，并能够与其他语言和文化背景的人进行有效的沟通和交流，促进跨文化理解与合作。外语学习者自主性的发展不仅有助于提升语言技能水平，还有助于培养学习者的跨文化交际能力和国际意识，使其在全球化背景下更好地适应和融入国际社会。

3. 综述方法、文献筛选标准和来源

本文采用叙述综述方法，对所选文献进行了主题和内容的整理、归纳和分析。综述方法侧重于对文献的深入解读和理论联系，而非仅仅对结果的统计合成，因此成为理解和探索学习者自主性这一多维复杂概念的理想选择（水娟等 2018）。叙述综述方法对文献的筛选有一定的标准，本文文献筛选标准主要包括：（1）时效性，发表时间在过去二十年内，以确保研究的时效性；（2）质量，发表在同行评审的中文学术期刊上，保证研究的质量；（3）相关性，关注外语学习者自主性的理论、实践、策略及其效果评估，确保文献的相关性。基于上述筛选标准，经过剔除，最终筛选出 21 篇相关文献，并将其归纳成不同的主题进行分析。

4. 不同范式下外语教师关于学习自主性的研究

4.1 实证主义范式下的研究

实证主义认为，科学研究应当基于观察、通过实验和逻辑推理得到事实。在实证主义范式下，研究重点集中在运用客观的实证方法来揭示和确认影响外语学习者自主性的关键因素。这一范式下的学习自主性研究强调了教学策略、教师反馈以及教学干预在增强学习者自主性方面的作用。具体分析如下。

4.1.1 教学策略对自主性影响

此类研究主要探讨不同教学策略对学生自主性的影响，以及这些策略对学习成果的影响。这方面研究涉及量化和评估不同教学方法的有效性，并考察其对促进学生自主性方面的作用。例如，刘冠华（2013）采用混合式研究方法对内蒙古自治区的大学生和英语教师进行了调查，提出了指导语策略、结合显性和内隐教学策略以及沉浸式教学策略，以此来提升学习者的自主性。李昌真（2009）通过问卷调查非英语专业学生的英语学习归因，提出需要帮助学生形成积极的归因倾向，并强调了学习策略培养和自主学习能力指导的重要性。未来研究可以关注多元化的教学策略如何影响学习者自主性的发展，以及这些策略在不同学科和不同学习环境中的适应性和效果；还可以从教师培训和专业发展的角度出发，研究如何培养教师运用有效教学策略以促进学习者自主性的能力，探索教师专业成长与学生自主性之间的关联性。

4.1.2 教师反馈对学生自主性的影响

此类研究聚焦于量化分析教师反馈的类型、频率与学生自主学习性之间的关系。教师反馈作为课堂互动或学生学习过程中的一个重要环节，能够显著影响学生的学习态度和学习成果。例如，李奕华（2015）利用动态评估理论研究了英语专业本科生对不同英语写作反馈方式的偏好和反应，研究结果表明学生认为教师反馈可以提升写作信心和学习自主性。滕冰冰（2013）讨论了教师反馈语与大学英语课堂互动的关系，并提出了加强反馈语自我反省、注重安慰鼓励性反馈语和灵活运用多种反馈等增强学生自主性的建议。后续研究可从以下两个方向开展。一方面，进一步探讨不同文化背景下学生对教师反馈的反应差异，以及这些差异如何影响学习者自主性的发展。另一方面，可以深入分析教师反馈与学生自我效能感之间的关系，以及如何通过反馈提高学生对自己学习能力的信心，特别是在远程和数字化学习环境中的信心。

4.1.3 教学干预对自主性的影响

此类研究主要关注教师引导下的自主学习活动如何具体影响学习者的成绩

和学习效率。这类研究通过定量研究方法来评估和比较不同教学干预的效果，为教育实践提供数据支持。例如，李银玲、黄勇（2021）探索了线上教学中教师干预策略的有效性，发现这些策略能够激发学生的主观能动性。张婧（2018）对英语专业二年级学生进行了研究，调查了英语写作的评阅反馈模式，并构建了混合式教学环境下教师干预的英语写作同伴互评模式，以此来提升学习者的自主性。未来研究可以考虑从两个方向展开：一、探讨不同学科领域中教师干预的效果，比较这些干预在语言学习与其他学科学习中的通用性与特殊性；二、关注教学干预在学习者不同认知水平上的差异化效果，分析如何根据学习者的具体需要定制化教学干预，以提高干预策略的个体适应性和有效性。

4.2　建构主义范式下的研究

建构主义认为，人类知识是通过个人或社会集体在特定文化和社会背景下建构出来的。在建构主义范式中，研究主要关注理解学习者如何在社会互动和特定语境中构建他们的知识和学习经历，重点探究课堂环境、课程内容和外语教材如何促进自主学习策略的形成。

4.2.1　课堂环境对自主性的影响

此类研究聚焦分析教师如何在物理和社会文化层面上创造条件以支持和增强学生的自主学习能力，包括课堂环境的设置、教学方法的选择，以及与学生互动的方式。例如，梁彬（2021）强调大学英语教师在提升学生学习自主性中的关键作用，提出教师应遵循探究性、常规化、阶段化、选择化的原则，来增强学生的自主学习能力。王斌、湛冰（2015）对首都体育学院外语课堂环境进行调查，发现以教师为中心的传统教学模式仍然占主导地位，且一些学生在自主学习课型中由于缺乏必要的监控而效率低下。未来研究可以考虑探索不同类型的社会文化环境如何影响学生的自主学习能力，包括数字化学习工具和在线学习平台的使用；还可以进一步探讨如何在不同教学环境中有效支持和培养学生自主学习能力，特别是在跨文化和多语环境中的应用。

4.2.2　课程内容对自主性的影响

此类研究聚焦于如何使教师能够创造性地规划教学活动，以鼓励学习者根据自身的兴趣和需求来探索和建构知识。这涉及课程内容的设计、教学方法的创新以及学习内容的个性化等方面（高洋、王晓晨 2022）。例如，涂熙玲（2017）通过对美国北卡罗来纳大学教堂山分校 ESL 课程进行研究，发现该课程能较好地激发学生学习的自主性，并呼吁中国高校的英语教学要进一步关注学生需求，提高学生应用能力，促进文化理解和激发学习自主性。未来研究可以从以下两个方向开展：一是探讨在多学科和跨文化背景下的课程设计对学习者自主性的影响，以及如何整合全球视角和跨文化内容来丰富课程设计；二是考察新兴教育技术在课程设计中的应用，分析这些技术如何支持个性化学习路径和提升学生自主性。

4.2.3　外语教材对自主性的影响

此类研究聚焦外语教材如何激发学习者的内在学习动机和积极学习态度，鼓励学习者有效运用学习策略和培养合作学习能力，从而促进学习者自主学习能力的发展。例如，周娉娣（2008）探讨了 21 世纪大学英语系列教材对学习者自主性的影响，研究发现这套新编教程能激发学习者的内在学习动机和学习态度，从而促进学习者自主学习能力的发展。翟子惠（2016）则从教材语言材料的真实性角度出发，探讨了其对学习者自主性的影响，研究发现教材真实性与学习者自主性之间是密不可分、相互依存、相互促进的关系。针对外语教材对自主性的影响，未来研究可以考虑深入探究跨文化教材内容如何影响学习者的自主性，包括研究教材中的跨文化元素如何激励学生进行自主探索，以及这些元素如何提高他们的跨文化交际能力。未来研究还可以关注数字化教材对学习者自主学习能力的影响、新兴教学工具对学习者的自我调节和自我评估技能的作用，以及数字化环境中如何有效实施自主学习策略。

4.3　变革主义范式下的研究

变革主义旨在通过研究促进社会变革，强调研究的伦理性、公正性和政治性。在变革主义范式之下，研究的焦点转向了探讨外语学习作为推动个人和社会变革的工具，特别是教育政策、反思性日志和教师角色在促进学习者自主性方面的关键作用。

4.3.1　教育政策与学习者自主性

此类研究聚焦研究教师如何参与语言教育政策的制定，即如何确保这些政策能够支持和促进学习者自主性的发展。这类研究认为教师不仅是政策的执行者，而且也应当是政策制定过程的积极参与者。例如，刘海燕（2021）探讨了欧洲高等教育政策下"以学生为中心学习"的新动向，强调了大学卓越教学应当围绕激发学生的自主性和内驱力展开。钟志勇、李亚龙（2017）探讨了民族院校学生转专业政策对学习自主性的影响，研究发现这一政策有助于提高学生对专业的兴趣和学习动力，从而促进学生的自主性和能动性。后续研究可在以下两个方向上进行拓展：首先，探讨如何建立机制和平台，以便教师能够更有效地参与教育政策的讨论和制定，确保政策更好地反映教学一线的需求和现实。其次，研究不同教育体制和文化背景下，教育政策如何影响教师实践和学生自主性的发展，以及教师如何在这些不同的环境中起到倡导者的角色。

4.3.2 教师反思与学习者自主性

此类研究聚焦外语教师如何利用反思日志作为工具，促进学生对自身学习过程的理解与改进。例如，郑曼怀（2009）指出，教学反思有助于把理论和实践有效地结合起来，使教师成为问题的解决者和决策的制定者，进而更好地培养学习者自主性。孙晓霞、李朝霞（2015）指出，教学反思有助于提高教师自主性，进而提升外语学习者自主性。后续关于教师反思与外语学习者自主性方面的研究可从以下两个方面进行深入探索。一方面，研究教师反思对其教学方法和策略的影响，以及这些改变如何进一步影响学生自主学习的能力。另一方面，通过具体的案例研究和实证研究，深入分析教师反思对学习者自主性影响的实际例子，并提供具体的操作方法和策略。

4.3.3 教师角色与学习者自主性

此类研究聚焦探讨教师角色的变化及其对学习者自主性的影响，分析教师如何从知识的传递者转变为学习者的协助者和引导者，以及这种角色转变如何促进或阻碍学习者自主学习能力的发展。这涉及教师行为和态度的变化，以及学生对这些变化的感知和反应。例如，谢燕媚、周爱洁（2015）调查了高中一年级学生对英语教师在培养自主性中的角色期待，发现学生特别期待教师在提供技术支持、维持学习动力、明确学习中存在的问题、设定学习目标以及选择学习方法和技巧等方面的帮助。后续研究可从以下两个方向进一步探索。第一，可以研究教师角色变化对不同年龄段学习者自主性的影响，以了解这种变化如何在不同的发展阶段发挥作用。第二，研究可以探讨教师角色变化在不同教育环境中的表现和效果，以及如何在这些环境中更好地支持学习者的自主性。

4.4 实用主义范式下的研究

实用主义是一种重视实际应用和效果的研究哲学，它不拘泥于单一的方法论或现实观。在实用主义范式中，研究专注于探索外语学习者自主性在实际教学和学习情境中的应用及其成效，尤其关注混合式教学、教育技术和教师信念如何有效地促进学习者自主性的发展。

4.4.1 混合式教学和学习自主性

此类研究聚焦通过实证研究来评估教师采用的混合教学法、翻转课堂等教学策略对学习者自主性的影响。混合式教学法结合传统面授和现代技术手段，为学习者提供了一个灵活、多元的学习环境，旨在提高学生的学习自主性和自我效能感。石虹（2021）探讨了混合式教学对学生学术英语学习自主性的促进作用，强调"自主学习＋课堂教学＋网络交互"教学模式在提高学生英语自主学习能力方面的有效性。赵宏昕（2019）基于布鲁姆的认知目标体系，研究了大学英语语法教学的翻转课堂方法，指出这种教学方式能显著增强学生的学习自主性，为学生提供更多主动学习的机会。后续研究可以探索混合式教学在不同学科领域中的应用，并评估其对不同领域学习者自主性的具体影响，也可以研究如何利用数据分析和学习分析工具来评估和提升混合式教学模式的效果，以便更好地理解学习者行为和优化教学策略。

4.4.2　教育技术和学习自主性

此类研究聚焦如何利用科技工具增强学习者的自主性。科技在教育中的应用已经转变了教师的角色，并为学生提供了更为自主的学习环境。彭嘉（2017）分析了大数据时代下教师在促进高职生英语自主学习方面的策略，提出教师扮演着多重角色，包括合作者、参与者、组织者、引导者、监督者和评估者。吕琛洁（2023）则从智慧教学环境的创设和智慧教学主体的唤醒两个维度探讨了智慧教育在大学英语教学中的应用，指出这种教学方式可以激发学生的自主学习动机，构建一个有效的智慧教育生态系统。后续研究可以探索更多科技工具和平台在不同教育阶段和学科领域中促进学习自主性的具体实践和效果，也可以调查和分析教师在融入科技的过程中所遇到的挑战，以及如何克服这些挑战，提高科技在教学中的有效性。

4.3.3　教师信念和学习自主性

此类研究聚焦探究教师信念如何影响学生的自主学习态度、动机和策略（高洋等 2023）。例如，陈春梅、吴薇（2016）探索了教师关于学生自主学习的信念，发现受访教师普遍认为自主学习应是教师指导下的自主学习。在这个过程中，教师扮演着指导者、监督者、引导者、教学资源提供者等多重角色。后续研究可以从以下方向开展。第一，在不同文化和教育背景下，研究教师信念与学习者自主性之间的关系，以了解文化背景对这一关系的影响。第二，进行长期的追踪研究，以评估教师信念对学生自主学习能力发展的长远影响。

5. 结语

本文从研究范式转换的角度深入探索了外语学习者自主性的相关研究，覆盖了实证主义、建构主义、变革主义和实用主义这四个关键范式。通过以上分析，不仅揭示了外语学习者自主性的多维性和复杂性，还展示了不同研究范式在理解和推动学习者自主性方面的互补性。从实证主义的客观分析到建构主义对外在环境的重视，再到变革主义对自我反思的关注，以及实用主义对教学实践的探讨，本研究为拓展外语教育领域提供了参考。总体而言，未来研究可关注以下领域。

5.1 构建新的研究范式

历经半个世纪的变迁，研究范式从实证主义过渡到了实用主义。而如今，随着人工智能和大语言模型的蓬勃发展，构建以"智能主义"为核心的新范式成为大势所趋。在这一新范式下，学习者对教育技术和产品的掌握将与其自主性紧密融合，共同推动外语学习的进步。

5.2 探索新的研究内容

在新时代背景下，未来的研究应深入探究外语学习者的情绪调节能力和国际传播能力在自主学习中的作用。近年来，外语教育领域对人才培养的关注点已由单纯的"认知"层面转向更为复杂的"情感"层面，从培养被动的"辩解"能力转向培养积极的"传播"能力。未来的研究应更加关注这些层面，以揭示外语学习者自主性的多维内涵。

5.3 尝试新的研究方法

目前，外语学习者自主性的研究多为理论综述或实验研究，这些研究多通过统计分析来揭示学习者的自主性特征以及不同组别之间的差异。然而，鲜有研究利用潜在剖面分析对自主性的类别进行深入探索，也缺乏通过科学的曲线模型对学习者自主性历时变化的研究。因此，未来研究应尝试采用这些新的研究方法，以更全面地了解外语学习者自主性的发展变化。

5.4 关注多样化的研究对象

通过分析现有研究，笔者发现大部分研究聚焦于大学外语学习者的自主性，而针对多语学习者、跨学段学习者、学习者共同体以及师生共同体的自主性研究相对较少。因此，未来的研究应更加关注研究对象的多样性，以揭示不同群体在外语学习自主性方面的特点和差异，为外语教育的实践提供更为丰富的理论支持。

本研究也存在一些不足之处。首先，叙述式综述的方法侧重于对选定文献的描述和解释，这种方法虽然能够提供较为全面的理论视角，但可能缺乏系统性和客观性的评估标准，导致研究结果在一定程度上受限。其次，鉴于学习者自主性本身具有高度的复杂性和多维度特征，本文的分析可能未能覆盖所有影响自主性发展的关键因素，例如，学习者的文化背景和个体差异等深层次因素。未来研究可以进一步深化，弥补本研究的不足。

参考文献

Benson, P. 2001. *Teaching and Researching Autonomy in Language Learning* [M]. London: Longman.

Holec, H. 1981. *Autonomy and Foreign Language Learning* [M]. Oxford: The Pergamon Press.

Kuhn, T. S. 1962. Historical structure of scientific discovery: To the historian discovery is seldom a unit event attributable to some particular man, time, and place [J]. *Science* 136: 760-764.

Thanasoulas, D. 2000. What is learner autonomy and how can it be fostered [J]. *The Internet TESL Journal* 6: 37-48.

陈春梅、吴薇，2016，大学公共英语教师关于学生自主学习信念的研究——基于某大学的调查 [J]，《纺织服装教育》（1）：76-81。

高洋、顾琦一，2023，从研究范式转向看国外语言教师信念与实践研究的变迁 [J]，《外语学刊》（2）：88-94。

高洋、王晓晨，2022，新文科背景下项目教学法在"实用英语写作"课程中的设计与应用 [J]，《外语教育研究》（2）：8-13。

高洋、王晓晨、Ana Maria Ferreira BARCELOS，2023，外语教师信念研究：内容迭新与边界拓展 [J]，《外语与外语教学》（5）：61-72。

郝东清，2014，教学中学习者学习自主性的培养 [J]，《语文学刊（外语教育教学）》（2）：147-148。

李昌真，2009，非英语专业学生英语学习行为的归因分析及教学策略 [J]，《山东外语教学》（5）：65-69。

李奕华，2015，基于动态评估理论的英语写作反馈方式比较研究 [J]，《外语界》（3）：59-67。

李银玲、黄勇，2021，信息技术背景下外语在线课堂教师干预促学效果研究 [J]，《中国教育信息化》（4）：49-53。

李颖，2013，"自主"理论本土化的问题与反思——"自主学习"，还是"自我指导式学习" [J]，《外语教学理论与实践》（3）：54-60，93。

梁彬，2021，教师在提高学生大学英语学习自主性中的作用：原则和方法 [J]，《教育观察》（1）：111-113。

刘根平、刘道溶，1990，目前国外关于学生自主学习的研究动态 [J]，《外国教育研究》（2）：20-25，36。

刘冠华，2013，大学英语精读内隐教学策略开发与调查研究 [J]，《内蒙古师范大学学报（教育科学版）》（5）：133-135。

刘海燕，2021，欧洲高等教育政策视域下"以学生为中心学习"改革新动向 [J]，《比较教育研究》（7）：65-73。

吕琛洁，2023，大学英语智慧教学模式探究 [J]，《甘肃教育研究》（7）：28-31。

彭嘉，2017，大数据时代教师促进高职学生英语学习自主性提升的对策 [J]，《智库时代》（6）：142，144。

石虹，2021，基于混合式教学的学术英语学习自主性及促进对策研究 [J]，《语言与翻译》（1）：67-72。

水娟、张蕊、袁朝辉，2018，叙述性综述和元分析的互补性研究 [J]，《新西部》（29）：99-100。

孙晓霞、李朝霞，2015，论大学英语教师自主性教学能力的提升 [J]，《语文学刊（外语教育教学）》（12）：153-154。

滕冰冰，2013，大学英语课堂互动中的教师反馈语的调查研究 [J]，《中国教育学刊》（S4）：46-47，50。

涂熙玲，2017，美国北卡大学教堂山分校ESL课程研究与启示 [J]，《当代教育理论与实践》（4）：101-105。

王斌、湛冰，2015，首都体育学院外语课堂环境调查研究 [J]，《大学英语（学术版）》（2）：56-60。

谢燕媚、周爱洁，2015，从学生视角看高中英语教师在培养学习者自主性中的角色 [J]，《山东师范大学外国语学院学报（基础英语教育）》（1）：23-27。

徐锦芬，2020，外语类专业学生自主学习能力的构成与培养 [J]，《外语界》（6）：26-32，62。

徐锦芬、彭仁忠、吴卫平，2004，非英语专业大学生自主性英语学习能力调查与分析 [J]，《外语教学与研究》（1）：64-68。

翟子惠，2016，教材真实性激发学习者自主性研究——基于"新世纪大学英语系列教材"《综合教程》的分析 [J]，《学术论坛》（3）：173-176。

张婧，2018，混合式教学中教师干预英语写作同伴互评模式构建研究 [J]，《北京印刷学院学报》（11）：104-107。

赵宏昕，2019，基于"线上学习+翻转课堂"的混合式大学教学模式研究——以"大学英语课为例" [J]，《福建茶叶》（10）：133-134。

郑曼怀，2009，教学反思——实现教师自主的有效途径 [J]，《牡丹江大学学报》（2）：162-164。

钟志勇、李亚龙，2017，民族院校转专业政策对学生学习的影响——以中央民族大学为个案 [J]，《民族教育研究》（6）：54-58。

周娉娣，2008，大学英语教材与学习者自主性培养——"新世纪大学英语系列教材"《综合教程》试用调查 [J]，《外语界》（2）：78-83。

通信地址：陕西西安西安交通大学外国语学院 710049
作者简介：高洋，西安交通大学外国语学院副教授，博士，博士生导师，研究方向为外语教师教育、语言政策和语言景观。
E-mail: gaoyang666@xjtu.edu.cn
王晓晨，西安交通大学外国语学院博士生，研究方向为外语教育和语言景观。
E-mail: wangxiaochen666666@outlook.com

基于停顿行为分析的二语写作过程研究现状与趋势[*]

上海外国语大学　李绍鹏　卫珂昕

提要：写作者的停顿行为分析是二语写作过程研究的重要切入点，已成为国际二语写作领域研究的热点话题。鉴于该议题尚未引起国内学者的重视，本文从研究内容和研究方法两个方面梳理并评析了国内外主要语言学类核心期刊相关文献。结果显示：（1）基于停顿行为分析的二语写作过程研究，主要涵盖停顿与学习者二语水平的关系、二语写作任务类型等停顿的影响因素、停顿和二语写作成果质量之间的关系等内容，但对停顿行为的解读和建立停顿行为与写作认知过程的关系是目前面临的主要困难；（2）研究方法主要包括直接观察法、间接观察法和混合研究，混合研究逐渐成为主流，但对停顿阈值的选择缺乏统一的标准。文章最后指出，未来基于停顿行为分析的二语写作过程研究可以从学习者认知能力和写作任务设计等方面进一步拓展研究空间。

关键词：停顿行为；二语写作；写作过程

DOI:10.20054/j.cnki.sllr.2024.18.009

1. 引言

　　二语写作过程研究的目的在于考察写作的潜在认知过程，最终通过对写作过程的观察和实验操作来建构相应的写作理论，帮助学习者进行更有效的二语写作，促进二语发展（Galbraith & Vedder 2019）。该领域的研究主要包括两个方面：一是通过一定的方法记录写作过程中学习者的行为；二是通过分析学习者行为来揭示写作的潜在认知过程。

---

　　* 本文系教育部人文社科基金项目"基于停顿行为分析的二语写作过程研究"（项目编号：20YJC740023）的阶段性研究成果。

写作者的停顿行为是写作过程的一个显著特征，写作者停顿时间占整个写作过程的比例高达 60% 到 70%（Barkaoui 2019）。停顿是写作活动的重要观察窗口，能够显示写作者"修辞、记忆搜索、写作决定、概念整合"等在线加工过程，对写作者停顿行为模式的考察可以帮助我们了解写作的认知过程及其影响因素。尽管国外基于停顿行为分析的二语写作过程研究已经取得了相当丰硕的研究成果，但国内研究者对写作过程中的停顿现象关注还不够，现有的研究多为个案研究（袁辉、徐剑 2014）或研究工具述评和介绍（徐翠芹 2011；朱晓斌等 2013）。同时，国内的二语写作过程研究也有必要进一步扩展研究视角（王俊菊 2013）。因此，有必要对该视角下的研究成果进行系统梳理和分析，帮助国内研究学者厘清该领域研究发展的动态和趋势，以便我国学者在广泛吸收国外研究成果的基础上进一步推动国内二语写作过程研究。

鉴于此，本文基于国内外主要语言学核心期刊文献（SSCI 和 CSSCI），具体来源如下：中文数据来自中国知网的 CSSCI 期刊库，英文数据来自 Web of Science 的 SSCI 期刊库。本研究对 2000—2023 年的两个数据库中相关文献进行了主题检索。中文数据库使用的关键词为"停顿""二语写作""写作过程"。在英文数据库中，本研究使用了上述关键词对应的英文表达进行检索。文献梳理步骤如下：首先，通读文献，将综述类和理论模型探讨类文章剔除；其次，提取每篇论文中的研究内容和研究方法；最后，按照内容和方法进行总结归类。本文旨在评析基于停顿行为分析的二语写作过程研究的主要内容和研究方法，梳理其中存在的主要问题，并讨论可能的解决途径，展望该领域未来研究的发展趋势，以期为相关研究者提供参考和启示。

2. 国内外研究现状

2.1 　研究内容

目前，基于停顿行为的二语写作过程研究大都围绕停顿的频次、位置和时长展开，考察停顿和学习者二语水平、二语写作成果质量的关系，以及写作任务类型等影响停顿的写作者个体因素和情景因素。

第一，停顿与学习者二语水平。相关研究主要对比不同二语写作水平的学习者在停顿时长和频次上的异同，认为学习者二语水平是影响写作过程中停顿行为的重要变量。例如，Sasaki（2000）指出，在写作开始前的规划阶段，高水平学习者的停顿时间更长，而低水平学习者在不同主题段落之间的停顿时间较长。低水平学习者在完成具有较强主题连贯性的片段后，往往会停下来思考和规划接下来的内容。相比之下，高水平写作者在完成写作前的规划阶段后，在写作过程中很少停下来，其停顿频次明显低于低水平写作者。Xu & Ding（2014）也认为，在写作前的规划阶段，高水平写作者比低水平写作者停顿的频次更高、时间更长。Xu & Qi（2017）和 Xu & Xia（2021）的研究表明，在写作过程的不同时段，高水平写作者和低水平写作者的停顿模式具有显著性差异。比如，在写作的初始阶段，高水平写作者停顿频次更低，但时间更长，可能因为他们在此阶段主要致力于写作前的内容规划，而相比之下，低水平写作者往往急于开始写作，写作前的停顿和规划时间较短；写作的第二个时段，对高水平写作者来说主要是转译的过程，表现为停顿频次更高、时间更短，而低水平写作者由于语言水平的限制，其转译过程往往受其他过程的影响，比如词汇的提取，表现为停顿频次低，但时间长。Révész et al.（2022）研究表明，高水平学习者在更高语言层面（例如句子间）停顿频次更高，而在较低语言层面（例如单词间）停顿时长更短。该研究结论和先前研究不同，原因可能在于停顿阈值的选择不同。不同于先前研究的 2 秒，该研究的停顿阈值为 200 毫秒。高水平学习者因语言产出的自动化程度更高，时长低于 2 秒的停顿行为相较低水平学习者更多。这也表明，停顿阈值的选择会对研究结论产生重要影响。

然而，现有研究对学习者二语水平的评估仅涉及写作一个方面，没有涉及其他方面的能力，比如阅读水平。而学习者的阅读能力对写作过程有重要影响，在综合写作中更是如此。已有研究表明，学习者在独立写作和综合写作中的停顿行为表现出显著性差异（Michel et al. 2020）。因此，未来研究有必要进一步考察学习者二语写作之外的其他能力，或二语综合水平对写作过程中停顿行为的影响。

第二，停顿与二语写作任务类型。研究者对任务类型的一个重要关注点是写作体裁。从认知的视角来看，写作任务的认知需求越高，写作者的停顿时间越长，例如，写作者在论说类写作中比报告类写作停顿时间更长，因为论说类写作认知需求更高。但目前相关研究还存在较大分歧，例如，Spelman et al.（2008）认为描述性写作和评估性写作等不同的写作体裁对停顿时长和位置均无影响；而 Medimorec & Risko（2017）在对比了学习者在记叙文和议论文写作中停顿行为的差异后发现，在议论文写作中学习者停顿频次更高；徐翠芹（2019，2021）认为，二语学习者在记叙文写作中表现出频次高、时间短的停顿特征，集中表现为对语言匹配内容的认知加工过程；而议论文写作中则表现出频次高、时间短的撰写停顿和频次低、时间长的在线构思停顿交错进行，凸显出写作者对内容检索构思和语言匹配内容的双重认知加工过程；Michel et al.（2020）考察了两类写作任务（独立写作和综合写作）对停顿的影响，结果表明，停顿行为并无显著性差异，但表现出明显的阶段性特征；Barkaoui

（2019）认为，任务类型对写作停顿行为的影响主要体现在句子和段落层面，而非词汇层面。现有研究结论的差异可能和具体的实验设计有关，比如实验受试缺乏相关背景知识，导致无法对具体写作指令做出有效反馈等。

任务复杂度是二语写作的重要影响因素，近年来得到越来越多的关注。Révész et al.（2017b）考察了不同任务复杂度对写作停顿的影响，结果表明任务复杂度对句子间停顿频次有影响，任务复杂度和写作过程中的语言加工负荷相关。由于该研究主要针对高水平学习者，结论对其他学习者是否适用仍需进一步研究。Li & Yu（2023）通过控制熟悉度考察话题对停顿的影响，发现话题熟悉度对学习者停顿行为并无显著影响，原因可能在于该研究中学习者二语水平相似。另外，作为一种重要的任务类型，读写结合（reading-to-write）或基于文本（source-based）的写作任务对二语写作过程有重要影响（Leijten et al. 2019），那么考察此类写作任务条件下二语写作者的停顿行为特征，对揭示二语写作的认知发展过程也具有重要意义，但目前此类研究还没有得到太多关注。

第三，停顿与二语写作产出成果质量。Spelman et al.（2008）认为，二语写作产出文本质量和写作过程中的停顿行为并无显著相关关系；Révész et al.（2017a）认为，停顿频率和二语写作产出流利度相关；Xu & Qi（2017）研究表明，写作成果与写作初期的停顿频次显著负相关，与停顿时长显著正相关，表明二语写作成果受益于写作初期的有效规划；徐翠芹（2017）和 Chukharev-Hudilainen et al.（2019）则认为，写作成果与写作初期的停顿频次显著负相关。研究结果的不同可能源于对写作产出成果质量的评估缺乏统一、客观的标准，大部分研究采用评分员整体赋分的方式，存在较大主观性。

目前，关于这方面研究还存在较大分歧，仍需进一步研究去证实停顿模式和写作产出成果质量之间的关系。另外，当前研究对写作成果质量的评估均采用整体评估的方式，或只涉及写作的流利性方面，评估方式太过单一，而停顿和文本复杂度、准确度以及篇章结构的关系等方面均有待考究。

第四，停顿与写作模式和文字处理水平。研究发现，在线写作和传统的纸笔写作过程中停顿也有所不同。二语写作者在进行在线写作时整体上停顿时间更长，而且初始阶段的规划时间更短，文本产出和内容规划相互交织，贯穿整个写作过程。来自母语写作研究的证据表明，写作者的文字处理水平会对写作过程中的停顿模式产生影响，文字处理水平越低，停顿次数越多，产出文本越短。原因在于文字处理水平高的写作者可以实现不同写作次过程的同时激活，不同写作次过程之间是并列（parallel）关系；而文字处理水平低的写作者无法边思考边写作，他们会将更多的认知资源分配给低层次的写作次过程，比如文字输入，导致容易遗忘先前规划的内容，不得不经常停止写作去重新思考和规划写作内容，不同的写作次过程是逐个进行的，是序列（serial）关系。随着学习者文字处理水平的提高，其写作过程的激活方式也逐渐由序列型转变为并列型（Barkaoui 2019）。

现有二语写作研究一般在研究设计中对学习者文字处理水平加以控制，或不考虑该因素的影响，因此，二语写作者的文字处理水平是否同样会对写作过程中的停顿模式产生影响，还需更多的研究去证实。

综上所述，该视角研究的关键在于建立停顿行为和写作认知过程的联系，对学习者停顿行为的解读是研究者面临的主要问题。我们可以准确观察学习者停顿行为发生的时间和位置，但很难据此推断学习者的认知活动（Barkaoui 2019）。停顿发生的原因有很多，有身体方面的，如肢体疲劳；有社会心理方面的，如暂时的思维停滞或走神；还有认知方面的，如认知负荷过载等。因此，很难判断某次具体的停顿行为发生时学习者是在规划下文内容，回顾已产出文本，还是只是因为走神或肢体疲劳而暂时中断写作。另外，某个特定的认知过程可能会表现为不同的停顿模式，而某一停顿模式也可能和写作过程中不同阶段的不同认知过程有关。同样，某一写作环节发生的停顿行为并不一定和该环节有关，而可能和前一环节或后一环节有关。因此，停顿行为和写作和认知过程的不对称性是停顿行为分析面临的重要挑战。

根据现有研究成果来看，我们可以用以下方法来解决停顿行为分析和解读的问题。首先，停顿行为的分析应该以停顿发生前后学习者文本生成和修改活动为基础来进行；其次，要重点关注停顿语丛（p-bursts），即连续停顿和写作速度的变化。写作的速度变化和写作加工需求密切相关，写作流畅性的升高或降低反映了写作过程中学习者认知负荷的变化情况。因此，写作流利度或产出率可以建立停顿行为和写作认知过程之间的联系（Spelman et al. 2008）；最后，多种数据收集方法和手段的综合运用，可以帮助我们进一步了解停顿发生时学习者的心理和思维认知活动，进而提高停顿行为分析和解读的效度。

2.2 研究方法

基于停顿行为分析的二语写作过程研究，主要采用直接观察法、间接观察法和混合法。直接观察法主要包括有声思维法（think-aloud protocols）、回溯性口头报告（retrospective verbal protocols）和刺激回忆法（stimulated recall）；间接观察法主要有键盘日志（keystroke logging）和眼动追踪（eye-tracking）等；混合法就是将直接观察法和间接观察法相结合。

目前，大部分以认知为导向的二语写作过程研究采用直接研究法。有声思维法或回溯性口头报告要求学习者在写作过程中描述思维过程，用来分析写作的认知过程，写作过程和产出成果的关系，二语写作中母语的使用以及学习者写作策略的使用等。刺激回忆法主要是通过使用相关刺激物，比如学生产出文本或视频录像来帮助学习者回忆写作过程。该方法也被用来研究写作过程的变化、二语写作策略（De Silva & Graham 2015）以及任务复杂度对写作过程的影响（Révész et al. 2017b）等。随着计算机科学的发展，研究者开始使用键盘日志程序记录学习者写作过程中的键盘和鼠标动作，用于分析写作过程，比如母语对二语写作的影响（Barkaoui 2016，2019）、任务复杂度对写作过程的影响（Révész et al. 2017b），以及母语和二语写作过程的对比（Van Waes & Leijten 2015）等。近年来，眼动追踪技术也开始应用于二语写作研究。因为眼动的轨迹可以为学习者注意力资源的分配提供线索，可以弥补键盘日志等其他方法的不足。越来越多的研究（Chukharev-Hudilainen et al. 2019；Gánem-Gutiérrez & Gilmore 2018；Michel et al. 2020；Révész et al. 2017a，2019，2022，2023）开始使用眼动追踪技术，并结合键盘记录和刺激性回忆与访谈等方法分析二语写作过程。

从最初的观察法、有声思维法、回溯性访谈到最近的键盘日志程序和眼动追踪技术的应用，计算机科学的进步带动了研究方法的进步。但每一种方法都有自己的缺点，有声思维法会干扰正常写作过程，从而影响研究数据的信度和效度；回溯性口头报告中学习者可能会对写作过程有遗忘；而键盘日志程序和眼动追踪只是记录学习者的写作行为，并不能直接反映写作的认知加工过程。因此，使用多种方法相结合的混合研究设计可以对研究结果进行三角验证，具有明显的优势，并逐渐成为主流。例如，在最近研究中，Révész et al.（2019，2022，2023）将键盘日志程序、眼动仪和回溯性口头报告相结合，考察了学习者写作过程中停顿、回看和修改的过程。

在方法方面，停顿阈值（pause threshold）的选择是首先要解决的问题。由于现有大部分研究对停顿阈值选择的标准不同，导致研究结果缺乏可比性。目前，对于停顿阈值的选择还没有统一的标准。Chenu et al.（2014）认为，对写作过程中停顿阈值的确认和选择主要有两种方法：时间驱动法（temporally driven approach）和语言驱动法（linguistically driven approach）。时间驱动法主要以停顿的时长为判断标准，人为确定一个停顿阈值（比如 2 秒），只有大于该阈值的停顿才会被记录；语言驱动法主要以语言单位（词、句、段）为判断标准，语言单位间或语言单位内的所有停顿行为均被记录，而不考虑停顿的长短问题。

采用时间驱动法的相关研究中，不同研究对停顿阈值的选择不同，有的是

2 秒，有的是 1 秒，还有的是 250 毫秒，甚至更低。停顿一般被定义为写作过程中两次键盘敲击之间的过渡时间，对停顿阈值的选择应长于正常情况下两次击键之间的时间间隔。现有大部分研究将停顿阈值设置为 2 秒，因为即使是电脑键盘输入速度最慢的学习者，也可以在 2 秒内完成两次击键动作的转换。而且，将阈值设置为 2 秒可以排除那些短暂的、和学习者认知过程无关的纯肢体活动。停顿阈值的选择会对研究结论带来重要影响，阈值选择越低所涵盖的停顿次数越多。相比较而言，语言驱动法可以避免阈值的选择问题。但该方法的主要问题在于，很多与学习者认知过程无关的停顿行为也会被包括在内，必然会对解读学习者的认知过程造成一定影响。因此，Chenu *et al.*（2014）建议将两种方法结合使用。另外一个解决办法是在同一个研究中选择几个不同的阈值，并对比不同阈值对研究结果的影响。

3. 研究展望

基于以上分析，笔者认为未来基于停顿行为分析的二语写作过程研究可以从学习者认知能力和写作任务设计等方面进一步拓展研究空间。

第一，考察学习者认知能力和修辞语言产出与写作停顿之间的关系。学习者的认知能力，例如工作记忆容量和语言学能，是二语习得的重要影响因素。学习者工作记忆容量对二语写作产出和写作过程均有重要影响（Vasylets & Marín 2021），已有研究（Révész *et al.* 2017a，2022，2023）开始关注工作记忆容量和二语写作过程的关系。Kellogg（1996）、Olive（2004）等研究者提出的二语写作工作记忆模型，认为写作过程包含众多认知过程，依赖于工作记忆资源的有效分配推动写作进程；而写作活动一旦超出工作记忆负荷，某个或某些写作子过程将被暂停或终止，从而实现对某一写作子过程的优先处理。因此，对比不同工作记忆容量学习者二语写作过程中的停顿行为可以建立工作记忆资源和写作过程之间的关联，有助于了解写作者对写作子过程的管理以及写作者遭遇的写作问题。另外，作为一种重要的个体差异因素，语言学能与学习者的认知能力高度相关（Biedroń 2023），对二语写作有重要影响。因此，考察语言学能和写作停顿的关系，对于进一步了解学习者认知能力和写作认知过程的关系具有重要意义。

近年来，随着二语学习者隐喻能力尤其是隐喻产出能力研究的发展，学界普遍认为隐喻产出能力是学习过程概念化的重要反映（Nacey 2020）。但目前对隐喻产出能力的研究大都围绕隐喻产出的影响因素展开，鲜有研究（李绍鹏等 2023）关注隐喻产出的过程。研究（Hoang & Boers 2018）表明，隐喻的使用是学习者写作能力发展的重要体现，对隐喻产出过程的考察对了解二语写作的认知发展过程具有重要意义（Hoang 2019）。另外，作为隐喻能力的"姊妹"，转喻能力对二语写作有重要影响，和学习者二语写作水平密切相关。因此，有必要从二语写作过程论视角出发，将写作过程中的停顿行为和隐喻、转喻产出相结合，进一步了解学习者隐喻和转喻概念表达和语言使用对写作过程的影响，比如隐喻和转喻的使用是否会给二语写作过程带来额外的认知负荷？是否会对写作过程中停顿等学习者行为产生重要影响？

第二，通过停顿行为分析来考察写作任务中的时间限制等因素对二语写作过程的影响。例如，通过对比分析学习者在限时和非限时写作任务中的不同停顿行为，可以帮助我们进一步了解时间因素对二语学习者写作认知过程的影响。研究表明，写作过程的几个环节即规划、产出、通读与修改等，并非按照线性顺序逐个进行的，而是以递归的方式循环、交叉进行的。写作过程的周期性特征决定了时间是该过程中的一个重要维度，学习者会权衡不同环节的时间分配。时间因素对写作认知活动的影响对了解写作过程具有重要意义，但目前还缺乏相关的实证研究。先前研究大都对写作任务的完成时间进行控制，关于限时和非限时写作的研究也仅关注时间因素对写作结果的影响，或学习者写作策略的使用（Na & Yoon 2016），而较少关注时间和写作过程的关系。因此，未来研究可以将写作时间设为一个因变量，使用眼动跟踪、键盘记录和回溯性访谈等方法和技术，重点考察时间限制对学习者二语写作过程中的停顿行为及其潜在认知过程的影响。

第三，二语写作过程中写作者停顿行为的历时变化以及与二语写作教学的关系研究。目前，鲜有研究采用历时设计关注写作过程的历时变化特征，以及二语写作教学对写作过程的影响。随着学习者写作水平的提高，其写作过程中的停顿行为会发生哪些变化？停顿行为背后的认知过程又是如何发展变化的？二语写作教学主要对写作过程的哪个环节发生作用？此类问题有待更多研究探索、解决。停顿行为分析结合其他方法，如眼动追踪、课堂观察和访谈等，可以帮助我们进一步了解学习者二语写作能力随时间的变化特征。此类研究还可以进一步将学习者个体因素（如母语、二语写作水平和工作记忆容量等）和情景因素（如不同类型的写作任务等）结合，有助于考察相关因素在何时、如何以及为什么会对二语写作过程产生影响。另外，写作教学中教师对学习者的反馈可以从写作过程的视角出发，为学习者提供过程性反馈以便帮助学习者了解、反思和改善自己的写作过程，进而提高写作水平。因此，写作教学中过程性反馈的有效性也是未来研究的重要方向。

第四，停顿和其他写作行为，比如文本回读和修改的关系。写作过程中的停顿往往伴随学习者对已产出文本和内容的修改行为，但是，停顿和修改的关系，比如停顿的位置和修改位置是否具有对应关系，不同类型的停顿对语言修改和内容修改的影响有何不同等仍需进一步明确。现代科技的进步，比如键盘记录和眼动追踪技术的发展，可以帮助我们更准确地去记录和分析写作者的回读和修改等行为。将写作者的停顿、回读和修改等行为结合起来进行综合考察将能更全面地了解二语写作加工的认知和心理过程。

4. 结语

本文从研究内容和研究方法两个方面，评析了基于停顿行为分析的二语写作过程研究成果，尤其是近年来的研究新进展，并指出了未来研究趋势。基于停顿行为分析的二语写作过程研究，可以帮助二语学习者反思写作过程，提高写作水平，还可以指导二语写作过程的诊断性和形成性评估设计，以及二语写作教学的过程性反馈等。该领域的研究将进一步加深我们对二语写作认知发展过程的理解，阐明停顿行为在二语写作产出和发展中的作用，并为二语写作教学和评估提供更多有价值的参考。国际相关研究成果为国内研究带来重要启示，尤其在目前在线教学和在线测试大范围、常态化开展的情况下，对学习者在线写作过程中停顿等写作行为的考察，也将对在线教学设计，尤其是二语写作在线教学设计具有参考价值。

参考文献

Barkaoui, K. 2016. What and when second-language learners revise when responding to timed writing tasks on the computer: The roles of task type, second language proficiency, and keyboarding skills [J]. *The Modern Language Journal* 100: 320-340.

Barkaoui, K. 2019. What can L2 writers' pausing behavior tell us about their L2 writing processes? [J]. *Studies in Second Language Acquisition* 41: 529-554.

Biedroń, A. 2023. Foreign language aptitude [A]. In Z. Wen, R. Sparks, A. Biedroń & M. Teng (eds.). *Cognitive Individual Differences in Second Language Acquisition: Theories, Assessment and Pedagogy* [C]. Berlin: De Gruyter Mouton. 53-72.

Chenu, F., F. Pellegrino, H. Jisa & M. Fayol. 2014. Interword and intraword pause threshold in writing [J]. *Frontiers in Psychology* 5. doi: 10.3389/fpsyg.2014.00182.

Chukharev-Hudilainen, E., A. Saricaoglu, M. Torrance & H.-H. Feng. 2019. Combined deployable keystroke logging and eyetracking for investigating L2 writing fluency [J]. *Studies in Second Language Acquisition* 41: 583-604.

De Silva, R. & S. Graham. 2015. The effects of strategy instruction on writing strategy use for students of different proficiency levels [J]. *System* 53: 47-59.

Galbraith, D. & I. Vedder. 2019. Methodological advances in investigating L2 writing processes [J]. *Studies in Second Language Acquisition* 41: 633-645.

Gánem-Gutiérrez, G. A. & A. Gilmore. 2018. Tracking the real-time evolution of a writing event: Second language writers at different proficiency levels [J]. *Language Learning* 68: 469-506.

Hoang, H. 2019. Metaphorical language in second language learners' texts: Additional baggage of the writing journey? [A]. In E. Lindgren & K. P. H. Sullivan (eds.). *Observing Writing: Insights from Keystroke Logging and Handwriting* [C]. Boston: Brill. 236-257.

Hoang, H. & F. Boers. 2018. Gauging the association of EFL learners' writing proficiency and their use of metaphorical language [J]. *System* 74: 1-8.

Kellogg, R. T. 1996. A model of working memory in writing [A]. In C. Levy & S. Ransdell (eds.). *The Science of Writing: Theories, Methods, Individual Differences, and Applications* [C]. Mahwah, N.J.: Lawrence Erlbaum. 57-71.

Leijten, M., L. Van Waes, I. Schrijver, S. Bernolet & L. Vangehuchten. 2019. Mapping master's students' use of external sources in source-based writing in L1 and L2 [J]. *Studies in Second Language Acquisition* 41: 555-582.

Li, S. & H. Yu. 2023. Effects of topic familiarity on L2 writing processes and behaviors [J]. *International Journal of Applied Linguistics* 34: 348-366.

Medimorec, S. & E. F Risko. 2017. Pauses in written composition: On the importance of where writers pause [J]. *Reading and Writing* 30: 1267-1285.

Michel, M., A. Révész, X. Lu, N.-E. Kourtali, M. Lee & L. Borges. 2020. Investigating L2 writing processes across independent and integrated tasks: A mixed-methods study [J]. *Second Language Research* 36: 307-334.

Miller, K. S., E. Lindgren & K. P. H. Sullivan. 2008. The psycholinguistic dimension in second language writing: Opportunities for research and pedagogy using computer keystroke logging [J]. *TESOL Quarterly* 42: 433-454.

Na, S. & H. Yoon. 2016. Effects of in-class and out-of-class writing assignments on L2 writing strategy use and writing quality [J]. *The Asia-Pacific Education Researcher* 25: 195-205.

Nacey, S. 2020. Development of L2 metaphorical production [A]. In A. Piquer-Píriz & R. Alejo-González (eds.). *Metaphor in Foreign Language Instruction* [C]. Berlin: De Gruyter Mouton. 173-198.

Olive, T. 2004. Working memory in writing: Empirical evidence from the dual-task technique [J]. *European Psychologist* 9: 32-42.

Révész, A, M. Michel & M. Lee. 2017a. Investigating IELTS Academic Writing Task 2: Relationships between cognitive writing processes, text quality, and working memory [R]. International English Language Testing System Partners.

Révész, A., M. Michel & M. Lee. 2019. Exploring second language writers' pausing and revision behaviors: A mixed-methods study [J]. *Studies in Second Language Acquisition* 41: 605-631.

Révész, A., M. Michel & M. Lee. 2023. Exploring the relationship of working memory to the temporal distribution of pausing and revision behaviors during L2 writing [J]. *Studies in Second Language Acquisition* 45: 680-709.

Révész, A., M. Michel, X. Lu, N. Kourtali, M. Lee & L. Borges. 2022. The relationship of proficiency to speed fluency, pausing and eye-gaze behaviours in L2 writing [J]. *Journal of Second Language Writing* 58: 100927. doi: 10.1016/j.jslw.2022.100927.

Révész, A., N.-E. Kourtali. & D. Mazgutova. 2017b. Effects of task complexity on L2 writing behaviors and linguistic complexity [J]. *Language Learning* 67: 208-241.

Sasaki, M. 2000. Toward an empirical model of EFL writing processes: An exploratory study [J]. *Journal of Second Language Writing* 9: 259-291.

Van Waes, L. & M. Leijten. 2015. Fluency in writing: A multidimensional perspective on writing fluency applied to L1 and L2 [J]. *Computers and Composition* 38: 79-95.

Vasylets, O. & J. Marín. 2021. The effects of working memory and L2 proficiency on L2 writing [J]. *Journal of Second Language Writing* 52: 100786. doi: 10.1016/j.jslw.2020.100786.

Xu, C. & J. Xia. 2021. Scaffolding process knowledge in L2 writing development: Insights from computer keystroke log and process graph [J]. *Computer Assisted Language Learning* 34: 583-608.

Xu, C. & Y. Ding. 2014. An exploratory study of pauses in computer-assisted EFL writing [J]. *Language Learning & Technology* 18: 80-96.

Xu, C. & Y. Qi. 2017. Analyzing pauses in computer-assisted EFL writing: A computer-keystroke-log perspective [J]. *Journal of Educational Technology and Society* 20: 24-34.

李绍鹏、于涵静、胡越竹、葛现茹，2023，二语水平和隐喻类型对二语写作隐喻产出过程的影响 [J]，《现代外语》（5）：664-675。

王俊菊，2013，国内二语写作过程研究的现状剖析 [J]，《山东外语教学》（5）：7-11。

徐翠芹，2011，输入日志和屏幕录像的交叉运用——计算机辅助二语写作过程研究新视野 [J]，《外语电化教学》（5）：21-25。

徐翠芹，2017，写作停顿视角下的二语写作过程研究 [J]，《外语教学与研究》（4）：582-594。

徐翠芹，2019，从写作停顿看体裁差异对中国英语学习者写作认知加工过程的影响 [J]，《解放军外国语学院学报》（4）：103-110。

徐翠芹，2021，写作停顿视角下的中国英语学习者记叙文和议论文写作认知加工过程研究 [J]，《外语教学》（1）：35-40。

袁辉、徐剑，2014，二语复杂句式写作构思的层次性：来自停顿分布的证据 [J]，《外语界》（3）：29-36。

朱晓斌、邢赛春、张莉渺，2013，写作停顿的认知研究新进展 [J]，《心理研究》（1）：14-19。

通信地址： 201620 上海市松江区文翔路1550号上海外国语大学国际金融贸易学院

作者简介： 李绍鹏，上海外国语大学国际金融贸易学院副教授，博士，硕士生导师，研究方向为二语习得和二语写作。
Email: shaopengli@shisu.edu.cn
卫珂昕，上海外国语大学英语学院硕士研究生，研究方向为二语习得和二语写作。
Email: weikx@shisu.edu.cn

《第二语言习得新发展研究》述评[*]

中国海洋大学　　周雪梅　　张　凯

杨连瑞、蔡金亭、徐锦芬、陈士法，2022，《第二语言习得新发展研究》。北京：清华大学出版社。xix+353

DOI:10.20054/j.cnki.sllr.2024.18.010

1. 引言

第二语言习得，简称"二语习得"，指学习者学会母语后在课堂内外学习、习得另一门或二门或多门语言。二语习得正式作为一个学术研究领域始于 20 世纪 60 年代末 70 年代初，迄今已有 50 多年历史。随着全球化时代的到来，二语习得已成为国内外语言学门类学术成果最丰富、研究队伍规模最庞大的领域之一。近年来，相关研究愈发呈现蓬勃发展之势。鉴于二语习得研究具有跨学科性，主题涵盖广泛，理论及研究方法多样，而期刊文章又囿于篇幅无法呈现其研究全貌，因此，著书对该领域内研究成果进行全面、系统的梳理尤为重要。虽然 Ellis（2015）和 Gass *et al.*（2020）已对国际二语习得研究成果进行系统梳理和权威解读，但并未将我国具有国际影响力的续论、产出导向法等相关理论及研究成果纳入其中。2022 年，清华大学出版社推出由杨连瑞、蔡金亭、徐锦芬、陈士法 4 位教授合著的《第二语言习得新发展研究》一书，有效弥补了上述不足，并从理论、方法、实践等多个层面对国内外近 20 年来二语习得研究成果进行系统梳理，展示了二语习得研究的最新进展，成为继 Gass *et al.*（2020）之后二语习得领域的又一力作。下面介绍该书的主要内容，并进行简要评介。

---

[*] 本文系中央高校基本科研业务费专项"中国英语学习者二语隐含义语用加工的认知机制研究"（项目编号：202261090）的阶段性研究成果。衷心感谢杨连瑞教授的指导，感谢审稿专家提出的宝贵修改意见与建议。

2. 内容简介

该书由 5 部分组成：第一部分（1—2 章）从学科发展角度分析并概述二语习得研究历史及现状；第二部分（3—4 章）在前一部分文献分析的基础上，提炼二语习得的重要理论及研究成果；第三部分（5—6 章）紧接前面的理论，阐述二语习得研究方法；第四部分（7—10 章）聚焦实践层面，系统梳理具有世界影响力和中国特色的教学实践；第五部分（第 11 章）为结语，在对国内外二语习得研究进行扼要总结的基础上，为中国二语习得理论创新指明方向。

第一部分先从学科起源和发展阶段对二语习得研究历史进行概述，然后通过文献可视化等手段对二语习得研究现状进行分析。第 1 章首先简述了二语习得研究的起源，然后从学科定位、研究对象、学科性质 3 个层面对其学科性进行阐释，接着详细介绍了二语习得研究的 4 个发展阶段：对比分析、错误分析、中介语研究、英语作为国际通用语研究，最后重点梳理了二语习得研究的认识方法论，并明确支持将唯理论与经验论融合起来的认识论倾向，提醒我们既要接受二者存在分歧与对立的客观现实，又要发现其互补与融合的可能性和必要性。第 2 章首先采用可视化分析软件 CiteSpace 对国内核心期刊二语习得研究现状进行系统梳理，对发文量年度分布、研究热点议题、高被引文献、高产作者、高发文机构以及高发文期刊等进行全面、深入分析，然后用同样方法分析国际二语习得相关文献，最后基于对 Web of Science（WOS）数据库 81 篇 h 指数文献进行的深度剖析，凝练出近十几年来国际二语习得研究的 5 个主题。

第二部分从理论出发，系统梳理二语习得重要研究成果，具体涉及理论模式、文献、人物及团体等。其中，第 3 章对 21 世纪二语习得研究取得的主要理论成就进行综述，具体涉及普遍语法视角下的二语习得研究、二语习得的可加工理论、二语习得的输入加工理论、基于使用取向的二语习得理论、社会文化视角下的二语习得研究、动态系统理论视角下的二语发展、二语学习策略模式、监察模式等。第 4 章聚焦二语习得研究的代表性成果、人物和团体。作者首先对 20 篇代表性期刊论文及 10 部专著的重要意义和主要内容进行介绍，然后简述近年来领域内有较大学术贡献或较高学术影响力的 20 位学者的主要成就，最后介绍了世界主要国家和地区 6 个二语习得研究代表性团体的成立时间、主要活动、出版物等。

第三部分详细介绍定量、定性和混合研究方法，并从微观、中观、宏观层面科学呈现二语习得多维特征及跨学科属性。第 5 章从定义、分类、信效度 3 个方面，依次介绍二语习得研究的实证性方法：定量研究、定性研究和混合研究。作者指出，近年来二语习得领域研究方法发展呈多元化趋势：定量研究趋于稳定与成熟；定性研究广受关注并迅速发展；定量研究和定性研究渐趋平衡；混合方法迅速崛起，发展势头良好。第 6 章首先从二语习得理论和实证研究两个方面，分别对各个阶段二语习得研究的跨学科性展开细致阐述，然后从微观、中观、宏观 3 个层面呈现二语习得的多维特征和跨学科框架，从而进一步深化对二语习得跨学科属性的讨论。最后，在分析跨学科性对二语习得研究机遇和挑战的基础上，有针对性地提出未来研究发展方向。

第四部分首先介绍具有世界影响力的任务型教学法，接着阐述体现中国特色的续论和产出导向法，最后聚焦汉语作为二语习得研究，展开相关文献梳理、总结与评述。具体而言，第 7 章聚焦任务教学法。作者首先概述了任务教学法的定义及理论背景，然后介绍了任务教学法中任务分类、设计原则与模式、实施模式与原则，接着对任务教学法在理论探讨、写作教学、听说教学、任务复杂度、语法教学与激发学习兴趣等方面的应用展开论述，最后以任务教学法的发展及其面临的挑战结尾，并简述国内教师实施任务教学法的几点经验。第 8 章探究续论。该章首先概述续论的提出背景及"续"的促学特征，然后通过写长法、读后续写、语言理解与产出的不对称性、模仿与创造、续论的构建与完善等 5 部分内容清晰呈现续论的发展历程，接着是对续论应用于词汇、句法、写作、翻译等 4 个层面的相关研究的整理与综合，最后针对前人研究提出的不足指明续论研究的未来发展方向。第 9 章聚焦产出导向法。作者同样按照理论背景、发展阶段、应用范围、挑战与展望的逻辑对产出导向法进行系统阐述。通过对文秋芳教授系列学术成果的研读与分析，作者将其提出背景概括为克服学用分离问题，改善"哑巴英语"现状；将其发展阶段分为预热期、雏形期、形成期、修订期、再修订期；将其应用范围划分为文化教学、教材编写、教学环节、教学评价、教学效果、理论反思；最后对产出导向法未来发展提出两点建议。第 10 章则以汉语作为二语习得研究为主题。作者首先阐明了汉语作为二语习得相关研究稳中有增、广受关注的现状，然后陈述了从综述类到理论类再到实证类的动态研究发展趋势，接着对汉语二语教学的"词本位"与"字本位"进行区分，最后针对对外汉语教学进行原则总结，并对任务型教学法、交际型教学法、认知功能教学法、综合教学法等四种教学方法进行评述。

第五部分为结语，对应第 11 章。该章首先通过对二语习得的本质、二语习得与外语教学的根本区别、二语习得的学科基础和研究内容及理论来源等方面的论述，提出近年二语习得研究新趋势；接着，对汉语母语与英语二语本体上的差异以及大脑差异与思维方式进行阐述，然后对影响国际二语习得理论在中国影响及传播程度的因素进行分析，最后指出中国二语习得理论创新的动力来源及发展方向。

3. 简评

《第二语言习得新发展研究》一书全面系统展示了国内外二语习得研究最新进展，具有如下鲜明特点。

第一，内容广泛，编排合理。该书总结和提炼了国内外二语习得领域众多研究成果，内容广泛，涵盖理论、方法、实践等多个层面。在理论维度，该书着重介绍了普遍语法理论、社会文化理论、复杂动态系统理论等 8 个对近 20 年二语习得研究影响较大的理论内容及其指导下的二语习得研究；在方法维度，该书从定义、分类和信效度 3 个方面系统介绍定量研究、定性研究、混合研究等 3 种主要实证研究方法；在实践维度，该书重点梳理了任务型教学法、续论、产出导向法、汉语二语习得等。此外，该书结构安排合理，逻辑性强。从全书编排来看，该书首先从起源、学科性、发展阶段、认识方法论等层面对二语习得研究进行概述，然后按照理论、方法、实践顺序展开详细论述，最后以对中国外语教学及二语习得理论创新的探究结尾，为国内二语习得的未来研究方向提供参考；从章节编排来看，章节内各小节之间也体现出了很强的逻辑性，例如，第 5 章严格按照定义、种类、信效度的顺序依次对 3 种实证研究方法进行介绍，第 8 章则严格遵循从背景到发展历程再到应用最后到发展的逻辑顺序对续论相关研究成果进行系统论述。

第二，观点前沿，方法科学。该书的编写主要是基于对近 20 年领域内相关文献的回顾与分析。其观点前沿性主要体现在如下两点：（1）该书从学科发展历史层面对二语习得发展阶段进行延伸，在对比分析、错误分析和中介语研究基础上，提出英语国际通用语研究这一新发展阶段；（2）该书纳入截至当时 CNKI 和 WOS 数据库的最新研究成果对二语习得研究现状进行分析，基于此得出的国内外研究热点、聚焦主题等均为领域研究前沿的充分体现，可为二语习得的未来研究方向提供参考。其分析的科学性主要体现在利用 CiteSpace 可视化软件进行文献计量分析，探究二语习得领域研究热点、前沿研究话题、高产作者、高被引文献等（Chen 2016），并结合 WOS 中的 h 指数和语料库分析方法，对国际二语习得研究聚焦主题进行科学呈现，在体现分析科学性的同时也充分体现了研究方法的跨学科性。

第三，着眼国际，立足本土。紧跟国际前沿，坚持中国特色是该书与国外同类专著相比最大的特点与优势所在。首先，在梳理二语习得研究成果、代表性人物和团体时，将国内外重要学术成果、高影响力学者及代表性团体均纳入其中；其次，在二语习得实践研究部分，除了对任务型教学法这一极具国际影响力的实践类型进行介绍之外，该书也对续论和产出导向法这两种对中国外语教学实践产生重要影响的教学方法进行系统梳理，然后又对汉语二语习得相关研究进行综述；最后，在梳理二语习得本质与外语教学、汉语母语和英语二语本体差异等问题的基础上，对影响国际二语习得理论在中国传播的因素进行深入分析与探讨，最终落笔于中国二语习得理论创新动力及发展方向。综上，该书深入贯彻国际化和本土化相结合、理论性与实践性相结合的原则，梳理国内外研究成果，提炼中国学派和代表人物，最终面向未来，致力于推动中国二语习得研究发展，充分体现二语习得研究的中国化特点。

　　虽然该书有许多可圈可点之处，但也存在一些值得商榷的地方。例如，第2章对二语习得研究发展现状的分析中，文献计量学分析部分将国内外文献均纳入分析范畴，然而基于 h 指数的聚焦主题分析却仅针对 WOS 数据库的国外文献展开，未对 CNKI 数据库的国内文献进行类似分析，导致书中所述聚焦主题可能无法全面代表国内外研究状况。但瑕不掩瑜，作为一本极具本土特色的二语习得研究学术著作，该书对领域内近 20 年国内外研究成果进行全面、系统地整合与梳理，为我国外国语言文学专业研究生了解专业知识提供了参考，为广大外语教师优化教学方法、提高教学效果提供了指导，也为二语习得研究者寻求理论突破与创新指明了方向。《第二语言习得新发展研究》的出版无疑对我国二语习得研究新发展具有重要推动和启示意义，是一本值得推介的好书。

参考文献

Chen, C. 2016. *CiteSpace: A Practical Guide for Mapping Scientific Literature* [M]. New York: Nova Science Publishers.

Ellis, R. 2015. *Understanding Second Language Acquisition* (2nd Ed.) [M]. Oxford: Oxford University Press.

Gass, S. M., J. Behney & L. Plonsky. 2020. *Second Language Acquisition: An Introductory Course* (5th Ed.) [M]. New York: Routledge.

通信地址： 266100 山东省青岛市崂山区松岭路238号中国海洋大学外国语学院
作者简介： 周雪梅，中国海洋大学外国语学院博士研究生，研究方向为二语习得。
　　　　　　Email: 1322852836@qq.com
　　　　　　张凯，中国海洋大学外国语学院副教授，博士，硕士生导师，研究方向为二语习得和教学法。
　　　　　　Email: hardworker123@163.com

Abstracts of Major Papers

Study on students engagement in ideological and moral education in college English curriculum, by Pengfei Lei & Jinfen Xu (p. 1)

Engagement of foreign language learners in the context of curriculum ideology and politics can provide an important reference for interpreting the effect of curriculum ideology and politics integration in learners' studies. In this descriptive study, based on the theories related to learning engagement and curriculum ideology and politics and literature research, qualitative data were collected through qualitative methods to specifically discuss and analyze: (1) the connotation and current situation of foreign language learners' engagement in foreign language learning integrated with curriculum ideology and politics elements, and described the specific performance of learners' learning engagement in various dimensions. (2) Factors influencing learners' engagement in the integration of curriculum ideology and politics into foreign language teaching mode. The statistical results show that data analysis showed that in the context of curriculum ideology and politics, learners' engagement in behavior, cognition, emotion and other dimensions presents different characteristics; and that curriculum ideological and political content, integration mode, classroom environment and institutional support have obvious influence on students engagement. This study is expected to open up a new way to evaluate the effect of curriculum ideology and politics in foreign language teaching, and provide new ideas for the localization of foreign language students engagement.

A comparative study on values integration into EFL textbooks, by Yan Zhu (p. 14)

The integration of values is a crucial aspect of EFL textbooks. Based on the literature and the general goal of education to foster integrity and promote the rounded development of people, this article proposes an analytical framework covering nine aspects of the content dimension and four aspects of the strategic dimension of values integration in textbooks. Utilising this framework, the researcher conducted a comparative content analysis of national, regional, and international textbook series for primary school students. The findings reveal that the three textbook series demonstrate a positive value orientation despite problems such as uneven distribution of value content, insufficient explicit integration strategies and inadequate arrangement of negative warning strategies. This study has important implications for developing, using, and evaluating English language teaching materials.

Investigating accuracy and automaticity competence in visual and auditory vocabulary among Chinese college non-English major students, by Wei Wu (p. 26)

This empirical study measures the automaticity and accuracy competencies of visual and auditory vocabulary among Chinese college students majoring in non-English fields. The study focuses on three frequency levels of words (2000, 3000, and 5000) and examines the influence of vocabulary frequency and English proficiency on students' automaticity and accuracy competencies. The results of the experiment reveal the following findings: (1) both accuracy competence and automaticity competence of the students improve with higher word frequency and English proficiency levels; (2) the students exhibit a higher level of accuracy competence compared to their automaticity competence; (3) visual mode demonstrates stronger accuracy and automaticity competencies among the students, in comparison to the auditory mode. The pedagogical implications of this study emphasize that teachers should not only expand learners' vocabulary size but also cultivate their vocabulary automatization competency. Learners should strive for balanced development in both visual and auditory vocabulary.

A comparative study of lexical sophistication between L1 & L2 learners based on English lexical sophistication model, by Shuai Dong, Mingyue Zhang & Jihua Dong (p. 38)

Lexical sophistication is an important indicator of the development of second language learners' writing proficiency. Based on the writings of L1 & L2 learners in the BAWE corpus, this study constructed a lexical sophistication index model for learners' writing using TAALES lexical sophistication indexes and analyzed the differences in lexical sophistication between L2 learners and native English speakers in the writing process. The findings indicate that: (1) L2 learners exhibit significant differences compared to native English speakers in three dimensions: lexical proximity and associative strength, semantic complexity and diversity, and polysemy and semantic relatedness; (2) compared to native English speakers, L2 learners' writings show deficiencies in the use of abstract vocabulary and n-grams. The differences in lexical sophistication indexes in this study based on textual features can provide a systematic foundation for second language writing instruction and classroom practices. Furthermore, they can serve as empirical references and foundations for future large-scale automated English writing assessments.

A study of the diachronic relationship between EFL learners' willingness to communicate and foreign language enjoyment: Based on an idiodynamic approach, by Hanjing Yu & Tianqi Liu (p. 54)

Drawing on complex dynamic systems theory, the present study investigates the diachronic relationship between the willingness to communicate and foreign language enjoyment among 10 English graduate students. Then, this study further explores the underlying factors influencing the changing of the diachronic relationship. By adopting an idiodynamic approach, analyzing interactions from a micro-level perspective (measured in minutes and seconds), this study revealed that: (1) the diachronic relationship between willingness to communicate and foreign language enjoyment varies among individual learners and exists inter-individual differences; (2) the initial state of the learners and different conversation topics exert a certain influence on the diachronic relationship. The results of this study may provide valuable insights for advancing research focused on the development of individual differences among English major students in China.

Examining the relationship between L2 grit and L2 proficiency: The mediating role of emotions, by Baodan Zhang & Chengchen Li (p. 67)

The present study examined the relationships among L2 grit, emotions (anxiety, enjoyment, and boredom), and L2 proficiency in a sample of 1,323 Chinese secondary school English-as-foreign-language learners from a positive psychology perspective. The participants completed a questionnaire survey and the *Cambridge A2 Key for Schools English Proficiency Test*. Path analysis with *Mplus* 8.3 showed the following results: (1) L2 grit significantly and positively predicted L2 proficiency; (2) Foreign language enjoyment and anxiety mediated the relationship between L2 grit and L2 proficiency with the former having a larger effect, while boredom had no significant mediating role. The findings shed light on the mechanism underlying L2 proficiency and provide implications for foreign language education and pedagogy.

The effect of individual resilience on academic engagement: The mediating role of emotions, by Ke Zhong, Jingru Gao & Tao Zeng (p. 81)

This study investigated the relationship among individual resilience, boredom, enjoyment, and academic engagement among 165 second-language learners of English and 119 third-language learners of Japanese. Based on the results of questionnaire surveys and interviews, the findings are summarized as follows. (1) No significant differences were observed in the individual resilience levels between the two groups. However, the third-language learners of Japanese showed more enjoyment and academic engagement, and less boredom. (2) Correlations between individual resilience, boredom, enjoyment, and academic engagement were in similar patterns for both groups. Furthermore, a chain mediation effect was evident among the third-language learners of Japanese, but not among the second-language learners of English. These results suggest that boredom mediates the effect of individual resilience on academic engagement in both groups, with the chain mediation effect being exclusive to trilingual learners. Consequently, positive psychology theories are applicable to trilingual learners in China.

A narrative review on foreign language learners' autonomy studies through the research paradigm shift: Status quo and future directions, by Yang Gao, Xiaochen Wang (p. 95)

The autonomy of foreign language learners is an important topic in foreign language education. With the continuous emergence of concepts such as large language models and artificial intelligence, enhancing the independent thinking, learning, and innovative abilities of foreign language learners has become an important task in foreign language education, further highlighting the importance of research on the autonomy of foreign language learners. From the perspective of research paradigm shifts, this article adopts a narrative literature review method to deeply analyze the current research status of the autonomy of foreign language learners, starting from four research paradigms: positivism, constructivism, transformativism, and pragmatism. The positivism paradigm mainly explores the interaction between teaching strategies, teacher feedback, teaching interventions, and learner autonomy. For the constructivism, research emphasizes examining the influence of classroom environment, course content, and foreign language materials on promoting learner autonomy. In the transformativism paradigm, attention is paid to the role of educational policies, teacher reflection, and teacher roles in shaping autonomy. Finally, in the pragmatism paradigm, the discussion focuses on how blended learning, educational technology, and teacher beliefs influence learner autonomy. This article provides new insights for deepening the research and development of the autonomy of foreign language learners. Future research can delve into this field from four aspects: constructing new research paradigms, exploring new research topics, trying new research methods, and paying attention to diverse research objects.

Status quo and development trends of research on L2 writing processes from the perspective of pausing behavior analysis, by Shaopeng Li & Kexin Wei (p. 106)

Analysis of writers' pausing behavior is an important perspective of L2 writing processes research, and has already become a hot issue in the field of L2 writing, but it has not yet attracted the attention of domestic scholars. The present paper reviews research literature published in the leading journals for linguistics. With a thorough study of the research contents and methods, it is found: (1) Research on L2 writing processes from the perspective of pausing behavior analysis mainly covers the relationship between pausing behavior and learners' L2 proficiency, factors influencing pauses, e.g. task type and the relationship between pauses and L2 production quality. However, to interpret why pauses occur is still challenging; (2) The research methods are mainly direct observation, indirect observation and mixed-method research which is adopted by more and more studies. However, defining pauses can be challenging, because there is no objectively defined pause threshold in the literature, and different studies define and measure pauses differently. Finally, the paper suggests directions for future research.

格式体例

实行网上投稿，网址为https://chinasllr.cbpt.cnki.net。请参照本格式要求和网站上的相关要求投稿。

1. 稿件构成
- 论文中文标题、中文摘要、中文关键词、论文正文（含参考文献）
- 论文英文标题、英文摘要（另页）
- 附录等（如果有）
- 作者姓名、单位（中英文）、通信地址、电话号码、Email地址

2. 摘要与关键词

论文须附中、英文摘要；中文摘要200—300字，英文摘要150—200词。另请择出能反映全文主要内容的关键词2—4个。

3. 基金项目与致谢

可在论文首页标题后加脚注，注明论文的基金项目名称及编号。项目名称放在引号里，后面是括号，括号里为项目编号。例如：本文系国家社科基金项目"xxx"（项目编号：xxx）的阶段性成果。如需要，还可在此处致谢。

4. 正文

4.1 结构层次

正文分为若干节（section），每节可分为若干小节（subsection）。

4.2 标题

节标题、小节标题独占一行，左对齐。层级编码依次使用1、2、3……（一级标题），1.1、1.2、1.3……（二级标题），1.1.1、1.1.2、1.1.3……（三级标题）。小节号后空一格，不加顿号或小数点，然后是小节标题。

4.3 字体

正文用五号字。中文用宋体，英文用Times New Roman字体。

英文倾斜字体的使用范围主要是：

（1）标示所强调的单词。如：

The most frequently used word in English is *the*.

（2）标示尚未被普遍接受的外来词。如：

Jiaozi is a very popular food in China.

（3）　出版的作品，如书名、报刊名等。

（4）　统计量，如 *SD*，*M*，*t*，*F*，*p* 等，图表中的统计量可根据需要换为较小的字号。

4.4　图表

图题置于图的下方，表题置于表的上方。图号/表号的格式为"图/表+带小数点的阿拉伯数字"。图表的字体一般为宋体小五；如果需要，可以适当采用较小的字号。图表的行距为单倍。

4.5　参引

一切直接或间接引文以及论文所依据的文献均须通过随文圆括号参引（in-text parenthetical reference）标明其出处。参引的内容和语言须与正文之后所列参考文献的内容和语言一致。

作者名字如果是英文或汉语拼音，不论该名字是本名还是译名，参引时都仅引其姓。其他民族的名字或其译名如果类似英文名字，参引时比照英文名字。转述某作者或某文献的基本或主题观点，或仅提及该作者或该文献，只需给出文献的出版年，如：

陈前瑞（2003）认为，汉语的基本情状体分为四类，即状态、活动、结束、成就。

直接或间接引述某一具体观点，须给出文献的页码，格式是"出版年：页码"，如：

吕叔湘（2002：117）认为，"成"作动词时，有四个义项：1）成功、完成；2）成为；3）可以、行；4）能干。

如作者的名字不是正文语句的一个成分，可将之连同出版年、页码一起置于圆括号内。如：

这是社交语用迁移的影响，即"外语学习者在使用目的语时套用母语文化中的语用规则及语用参数的判断"（何兆熊 2000：265）。

圆括号内的参引如果不止一条，一般按照出版年排序。同一作者的两条参引之间用逗号隔开，如：Dahl（1985，2000a，2000b）；不同作者的参引之间用分号隔开。

文献作者如果是两个人，参引时引两个人的名字。中文的格式是在两个名字之间加顿号，如"吕叔湘、朱德熙（1952）"；英文的格式是在两个姓之间加"&"，表示"和"，如"Li & Thompson（1981）"。文献作者如果是三人或三人以上，参引时仅引第一作者的名字。格式是在第一作者的姓之后加拉丁语缩略语 "*et al.*"，如"夸克 *et al.*（1985/1989）""Quirk *et al.*（1985）"，"*et al.*"为斜体。

4.6 随文圆括号夹注

除了用于参引外，随文圆括号夹注主要用于提供非常简短的说明、译文的原文以及全名的缩写或全称的简称。如：

对于莎士比亚学者来说，最重要的词典有两部：一部是 19 世纪 70 年代德国人 Alexander Schmidt 以德意志民族特有的勤奋及钻研精神编纂的两卷本巨著 *Shakespeare Lexicon and Quotation Dictionary*（1874/1902/1971，以下简称 *Lexicon*），另一部是 *Oxford English Dictionary*（1884—1928/1989，通常简称 *OED*）。

随文夹注的字体同正文的默认字体。

4.7 脚注

一般注释采用脚注的形式，即在正文需注释处的右上方按顺序加注序号 1、2、3……，在正文页脚写出对应序号1、2、3……和注文。

4.8 例证/例句

例证/例句宜按顺序用（1）（2）（3）……将之编号。每例另起一行，左缩进一个中文字符。编号与例句之间不空格，回行时与上一行例证/例句文字对齐。外文例证/例句可酌情在圆括号内给出中译文。

5. 参考文献

中外文参考文献分别排列，外文文献在前，中文文献在后。首行左对齐，悬挂缩进2字符。按作者姓名字母或拼音顺序排列。中文作者的姓名全都按姓+名的顺序给出全名。英文仅第一作者的姓名（或汉语拼音姓名）按照姓+名的顺序给出，姓与名之间加英文逗号，其他作者的姓名按其本来顺序给出。英文作者的名仅给出首字母。如果文献作者的署名包括中文名和英文名，请一并加上。

同一作者不同出版年的文献按出版时间的先后顺序排列，同一年的出版物按照文献标题首词的顺序排列，在出版年后按顺序加a、b、c以示区别。

外文论文（包括学位论文）的篇名以正体书写，外文书名以斜体书写。篇名仅其首词的首字母大写，书名的首词、尾词以及其他实词的首字母大写。

篇名和书名后加注文献类别标号，专著标号为[M]，论文集为[C]，论文集内文章为[A]，期刊文章为[J]，尚未出版之会议论文为[R]，博士学位论文和硕士学位论文为[D]，词典及其他为[Z]，网上文献为[OL]。

外文期刊名称后的数字是期刊的卷号，通常是每年一卷，每卷统一编页码。如没有卷号只有期号，则期号须置于圆括号内；如有卷号但每一期单独编页码，须在卷号后标明期号并将期号置于圆括号内。通常中文期刊，只在圆括号内写明期号；中文集刊，可在圆括号内写明辑号。

关于网络文献或网络首发、尚未排期的文献，可加上文章编号和doi号，如果有卷、期号也请加上。

沉痛悼念俞理明教授

　　中国英汉语比较研究会二语习得研究专业委员会常务理事、上海交通大学荣休教授俞理明先生因医治无效，于2024年5月20日在上海逝世。俞教授从加拿大多伦多大学获得博士学位回国后，一直在上海交通大学外国语学院任教，培养了十余名二语习得方向的博士。他主要从事语言迁移研究，致力于教育语言学事业，通过出版相关专著和论文，组织专题研讨会和论坛，参加国内外会议并做主旨报告等，推广学术研究成果，为该领域的发展做出了重要贡献。俞教授非常关心中国英汉语比较研究会二语习得研究专业委员会的工作，自会刊《第二语言学习研究》2015年创刊以来一直担任本刊编委，积极为会刊的发展出谋划策。俞教授的离世不仅是本刊和中国英汉语比较研究会二语习得研究专业委员会的损失，也是我国教育界的重要损失！俞理明教授永垂不朽！